HEYNE BÜCHER

STEPHEN BAKER

VOM UMGANG MIT NEUROTISCHEN HUNDEN

Ein nützlicher Ratgeber
mit Zeichnungen von
ERIC GURNEY

WILHELM HEYNE VERLAG
MÜNCHEN

HEYNE-BUCH Nr. 503
im Wilhelm Heyne Verlag, München

Titel der englischen Originalausgabe
HOW TO LIVE WITH A NEUROTIC DOG
Deutsche Übersetzung von Ursula Bruns
Zeichnungen von Eric Gurney

15. Auflage

Lizenzausgabe mit Genehmigung des Mosaik-Verlages, Hamburg
Printed in Germany 1977
Umschlag: Atelier Heinrichs, München
Gesamtherstellung: Ebner, Ulm

ISBN 3-453-00050-1

INHALT

Für Bobo – den Dackel –

eine der hervorragendsten neurotischen

Persönlichkeiten unserer Tage.

1. Kapitel

Wovon ein Hund neurotisch wird

Zuallererst müssen wir versuchen, den neurotischen Hund zu verstehen. Unser Verständnis ist der Schlüssel zu seinem Glück – wenn nicht zu unserem.

Für alles, was ein Hund tut, gibt es einen Grund. Seiner Ansicht nach sind diese Gründe triftig, ganz gleich, ob wir Menschen sie dafür halten oder nicht. Nimmt er zum Beispiel eine gebratene Hühnerbrust vom Tisch des Speisezimmers, ehe wir selber sie essen konnten, so gibt es einen Grund dafür. Einen sehr guten Grund. Er ist hungrig.

Sehr viele Hunde sind neurotisch, vor allem in Amerika. Die Hundebevölkerung der Vereinigten Staaten umfaßt ca. 25 Millionen. Davon können etwa 25 Millionen als neurotisch bezeichnet werden – vorsichtig geschätzt.

Die Psychiater sind sich in der Tat einig, daß Neurosen bei Hunden im Ansteigen begriffen sind. Öfter und öfter verlangen Hundebesitzer nach psychiatrischer Behandlung.

Der Hund unserer Tage lebt unter weit stärkerem Druck als je zuvor in der Geschichte. Sein Stundenplan stellt Forderung über Forderung; jede Minute des Tages sieht er sich anderen Aufgaben gegenüber. Die schweren Belastungen, denen der moderne Hund ausgesetzt ist, verursachen bei manchen den Zusammenbruch.

Dies ist der typische Stundenplan eines Durchschnittshundes unserer Zeit:

7.30– 7.55	Denkt ans Aufstehen.
7.55– 8.00	Springt vom Bett; schüttelt sich gründlich. Trottet zur Küche, wo sich einiges zu tun scheint.
8.00– 8.15	Nimmt am Frühstück teil.
8.15–10.00	Geht ins Schlafzimmer zurück. Schläft.
10.00–11.30	Fährt mit der Herrin des Hauses zum Einkaufen. Nimmt im Selbstbedienungsladen eine Tüte mit Erdnüssen vom untersten Regal. Wird gejagt. Frißt auf der Flucht. Verliert Frauchen und muß zu Fuß nach Hause laufen.
11.30–12.00	Vortisch-Nickerchen im Schlafzimmer.
12.00–12.45	Wechselt aufs Wohnzimmersofa hinüber. Schläft weiter.
12.45–13.30	Vom Sofa gejagt. Zurück ins Schlafzimmer, auf der Suche nach Stille und Geborgenheit. Nickerchen.
13.30–14.30	Aus dem Schlafzimmer verstoßen. Vom Sofa verbannt. Geht in den Keller hinunter. Schläft.

14.30–14.50	Begrüßt die von der Schule heimkehrenden Kinder. Springt auf und ab, wedelt mit dem Schwanz, leckt Gesichter usw., um einen guten Eindruck zu machen.
14.50–14.51	Ißt eine Mahlzeit Hundefutter.
14.51–15.15	Nimmt an der Mahlzeit der Kinder und ihrer Mutter teil.
15.15–15.30	Nachmittagsschläfchen.
15.30–16.00	Besucht den Nachbarn, einen Dackel namens Mozart. Schließt sich den übrigen Streunern auf der Jagd nach weiblicher Gesellschaft an. Landet bei Julie, einer Pekinesin, die aber aus irgendeinem Grunde im Hause eingeschlossen ist. Zu blöd.
16.00–16.15	Rauft mit den Buben.
16.15–16.16	Wetzt auf kürzestem Weg durch Meyers Garten davon.
16.16–16.30	Wird von Frau Meyer verfolgt. Buben verschwinden.
16.30–16.35	Springt in den Fluß, um Frau Meyer abzuschütteln. Sie kann nicht schwimmen.
16.35–16.45	Betritt das Wohnzimmer. Wird beim Nackenfell hochgenommen und zur Hintertür hinausbefördert mit dem Befehl, draußen zu trocknen.
16.45–17.30	Nickerchen in der Garage.
17.30–18.30	Hilft der Herrin des Hauses bei der Zubereitung des Abendbrots.
18.30–19.30	Nimmt am Abendessen der Familie teil.
19.30–19.55	Schaut dem Fernsehen zu. Wildwester für Erwachsene. Schläft während der zweiten Hälfte des Programms.
19.55–20.00	Schüsse aus dem Apparat wecken ihn auf. Bösewicht fällt vom Pferd. Tot. Unterbrochenes Nickerchen wird fortgesetzt.
20.00–20.01	Geht ins Schlafzimmer.
20.01	Zieht sich zur Nacht zurück.

Wir müssen immer daran denken, daß der kleine Welpe beim ersten Eintritt in die Welt keinerlei Gefühlsprobleme kennt.
Wie beim menschlichen Säugling treten Probleme erst später im Leben auf - vermutlich etliche Sekunden nach der Geburt.

Einer der frühesten Gedanken, der einem neugeborenen Hunde kommt und von ihm gleich als brillanter Einfall bewertet wird, ist FRESSEN. Unverzüglich setzen aber auch die Konflikte ein. Der Instinkt drängt ihn, den Hunger zu befriedigen, doch Umweltfaktoren hindern ihn manchmal daran. Solche Faktoren werden von seinen winzigen, jedoch gleichermaßen entschlossenen Brüdern und Schwestern dargestellt – alle mit ebendemselben Einfall; sein Pfad zum Quell der Milch wird also vom Rest der Familie blockiert. Auf der Stelle entstehen Verdrängungsgefühle. Möglicherweise erinnert er sich für den Rest seines Lebens dieses Vorfalles und entwickelt beim Gedanken an Nahrung einen nervösen Komplex.

In zunehmendem Maße steht das Leben des Hundes unter dem Zeichen des Wettbewerbs. Es gibt weit mehr Hunde als je zuvor. Wo immer der Hund hinschaut, sieht er die Augen anderer Hunde. Es gibt Läden, in denen Hunde für Geld verkauft werden; manchmal sind ein halbes Dutzend Hunde zugleich im Fenster ausgestellt, und die Vorübergehenden bringen es fertig, sie in Gegenwart gleichfalls vorübergehender Hunde laut zu preisen. **Auch dem selbstbewußten Hund bereitet es einen Schock, wenn er hört, daß er ersetzbar ist.**

Ständig wird der Hund auf seine Unzulänglichkeiten hingewiesen durch Zeitgenossen, die es, praktisch ohne eigene Anstrengung, fertigbringen, sich in der Welt nach vorn zu spielen.
Selbst im eigenen Heim wird der Hund an seine Mängel erinnert durch die dauernden Hinweise auf andere Vierbeiner, die Hundegeschichte machen.
Eine Hündin namens Laika zum Beispiel wurde (trotz russischer Staatsangehörigkeit) über Nacht eine internationale Zelebrität, als man sie in den Weltenraum schickte. Dabei tat Laika nichts, was nicht auch jeder andere Hund an ihrer Stelle getan haben würde. Es wäre töricht von ihr gewesen, die Rakete unterwegs zu verlassen.

Snoopy, ein Hund, der sich durch häufiges Auftauchen in Comic strips Ruhm erwarb, wird oft wegen seines Humors und seiner Fähigkeit, laut zu denken, bewundert. Hunderte schicken ihm Briefe, die von Charles Schulz geöffnet werden – dem einzigen, der weiß, daß es Snoopy in Wirklichkeit gar nicht gibt.

An Lassies Existenz hingegen kann nicht gezweifelt werden. Alle lieben diesen ungewöhnlichen Collie – außer den anderen Hunden. Als Spitzenstar des Fernsehens ist es Lassies Spezialität, brausende Gebirgsbäche zu durchschwimmen; dafür wird sie bezahlt. Lassies Verhältnis zu ihrem Besitzer ist ideal: sie ernährt ihren Herrn.

Hunde ungewisser Herkunft werden häufig als gesellschaftlich minderwertig betrachtet. Nur reinste Abstammung gewährleistet Zutritt zu Hundeschauen, während ihre Tore sich vor der zahl- und vielleicht auch erfolgreichsten aller Rassen – der Promenadenmischung – eisern verschließen.

Unsere Kultur stellt harte Forderungen an den Hund. Aufs bloße Hörensagen hin akzeptieren wir Menschen die Behauptung, daß »der Hund des Menschen bester Freund« ist, und verhalten uns entsprechend. Für den Hund selbst ist dies jedoch ein höchst strittiger Punkt, und wir können ihm das kaum übelnehmen. Er weiß, daß, wenn überhaupt etwas, so das genaue Gegenteil wahr ist – der Mensch ist des Hundes bester Freund und hat als solcher gewisse Pflichten gegen seinen Liebling.

Falls der Hund sich nicht zu einem Bernhardiner oder einer Riesendogge auswächst (was nicht alle Hunde schaffen), ist er der Laune seines Herrn ausgesetzt. Der Mensch ist größer als sein Hund. Die meiste Zeit geht er zudem auf zwei Beinen statt auf vieren, was ihn noch länger macht. Viel schlimmer aber: diese vertikale Haltung des Menschen macht es ihm möglich, auf seinen Liebling **hinab** zu blicken. Die Höhe verleiht ihm die Illusion der Überlegenheit – ein Geisteszustand, von dem er sich nur selten trennt.

Selbst dem Welpen geht bald schon auf, daß das Haupthindernis seines Lebens sein Herr ist – und es immer bleiben wird. Indem er sich auf den Beinen fortbewegt, hat der Mensch die Hände frei für andere Dinge. Ist der Hund von mittlerer Statur (wie Hunde meist sind), so ist es dem Menschen ein leichtes, ihn beim Nackenfell zu packen, aufzuheben und ihn zu deponieren, wo es ihm jeweils grad am praktischsten erscheint.

Instinkt und gesunder Alltagsverstand sagen dem Hund, daß den ganzen Tag über Fütterungszeit ist. Der Mensch hingegen besteht darauf, ihm statt hundert Mahlzeiten nur eine oder zwei zu geben. Die Nahrung, die er bekommt, ist minderwertig. In typisch menschlicher Weise sind Hundebesitzer der Ansicht, ihre Lieblinge verlangten nach Spezialfutter. Das stimmt nicht. Hundebedürfnisse sind den menschlichen gleich; gebratene Ente genügt. Der natürliche Aufenthaltsort für Hunde ist das Bett, möglichst ein frischgemachtes. Sein scharfer Selbsterhaltungstrieb sagt ihm, daß dies der Platz ist, auf den er gehört. Sein Herr aber, unkundig der zarteren Bedürfnisse einer Hundeseele, ist durchaus fähig, den täglichen 24-Stunden-Schlaf seines Lieblings roh zu unterbrechen und von ihm zu fordern, daß er auf dem Boden bleibt, welcher, wie selbst Menschen wissen, nicht so weich ist wie ein Bett. Ja, manche Besitzer verlangen von ihrem Hund sogar, sich zeitweilig nach draußen zu begeben und sich dort Wind, Sonne und Regen auszusetzen.

Früh schon lernt der Hund, sich lieber auf seinen Intellekt als auf seine Körpergröße zu verlassen. Realistisch nimmt er die Tatsache hin, daß die Natur den Menschen als eine größere, kraftvollere Kreatur schuf, die sich dadurch auszeichnet, daß sie Bäume erklettern kann. Aber er weiß, daß diese körperlichen Heldentaten seines Herrn nur vorübergehenden Vorteil bringen und auf die lange Sicht hin des Hundes überlegene Verstandeskräfte das Rennen machen.

Der Hund hat die Fähigkeit, geduldig auf seine Chance zu warten. Er plant seine Unternehmungen weit im voraus. Gelegentlich läßt er den Menschen glauben, er sei ihm intellektuell gleichgestellt, um ihn damit aus der Balance zu bringen.

Und so ficht er still, aber mit bemerkenswerter Tüchtigkeit seinen Kampf mit dem Menschen aus. Im Verlauf der Schlacht wird er oft neurotisch. Wie auch sein Herr.

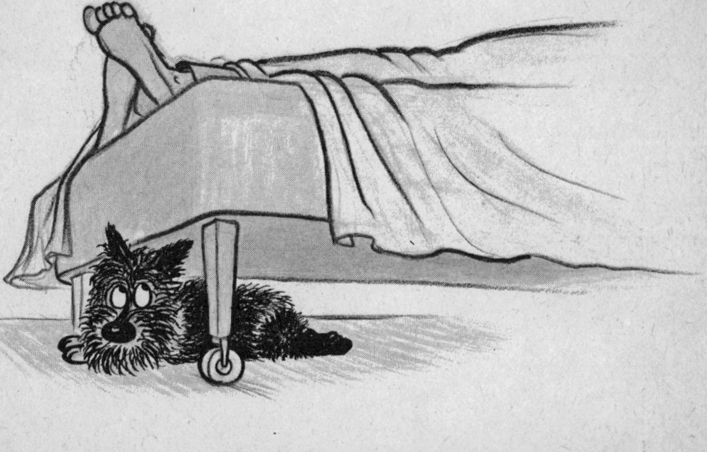

KANN MAN SICH NOCH WUNDERN,
DASS HUNDE NEUROTISCH WERDEN?
SIE HABEN DIE FÄHIGKEIT
ZUR ENTSPANNUNG VERLOREN!

Zusammenfassung des 1. Kapitels

1. Sei geduldig mit deinem neurotischen Hund. Versuche die untergründige Ursache seiner Neurose zu erkennen: DU bist es.

2. Lobe keine anderen Hunde in seiner Gegenwart. Er könnte sich daraufhin bedeutungslos vorkommen.

3. Berücksichtige so tiefverwurzelte Instinkte wie Hunger und Schläfrigkeit.

4. Sorge dafür, daß deine Promenadenmischung sich nicht gesellschaftlich unterlegen fühlt. Erzähl ihr, daß es in diesem Lande nicht darauf ankommt, wer man ist, sondern was man ist.

5. Denk daran: Der beste Freund des Hundes ist sein Herr. Damit bist du gemeint.

2. Kapitel

Die Erziehung des neurotischen Hundes

Es ist nicht allzu schwierig, einen neurotischen Hund zu erziehen, vorausgesetzt, wir wenden statt des gesunden Menschenverstandes die Psychologie an.

Seine Erziehung sollte in zarter Jugend beginnen. Unter Umständen braucht er ein ganzes Leben zum Lernen. Das Sprichwort »Einem alten Hund kann man keine neuen Tricks beibringen« ist reizlos. Man kann auch keinem jungen Hund neue Tricks beibringen.

Das bedeutet nicht, daß er dumm ist. Dem Menschen gelingt oft nur wegen der hinderlichen Sprachbarriere nicht, zu seinem Hunde durchzudringen. Der Hund versteht ihn einfach nicht. Wenige Leute nur bringen es im Bellen zu Meisterleistungen, und wenn sie's tun, verwirrt ihr Auftreten die Zuhörer meist.

Es muß dem Hund übrigens noch bewiesen werden, daß bereitwilliger Gehorsam seine Lage tatsächlich verbessert. Katzen zum Beispiel kümmern sich kaum je um einen Befehl; dennoch zollt ihnen der Mensch Respekt. Vögel und Fische tun noch weniger für ihren Unterhalt; dennoch werden sie so oft gefüttert wie der Hund.

Trotzdem hat es schon Hunde gegeben, die den Wünschen ihrer Herrn willfahrten; denn schließlich und letzten Endes wollen alle Hunde gern gefallen.

Hunde sind von Natur anhänglich und glauben fest, daß auch sie zur großen Brüdergemeinde der Menschheit gehören. In der Welt des Hundetums hat der Haß keinen Raum. Vor die Wahl gestellt, würden zum Beispiel alle Hunde ein freundliches Rückenklopfen einem Tritt in die Kehrseite vorziehen.

Liebe und Zärtlichkeit können sehr viel dazu beitragen, den neurotischen Hund zu wandeln, ohne seine Gefühle zu verletzen. Typisch dafür ist die Geschichte eines jungen Pudels, der einst in einer Etagenwohnung lebte. Wie jeder Hund in den ersten zehn oder mehr Jahren seines Lebens liebte er es, Bücher zu zerkauen, und bevorzugte dabei besonders jene auf den unteren Brettern der Regale. Wohlvertraut mit den Grundsätzen der modernen Psychologie, verschwendete sein Herr keine Zeit daran, seinen Hund zu verwarnen, sondern wandte sich geradewegs dem Kern des Problems zu. Er baute ein neues Bücherregal, dessen Bretter außerhalb der Reichweite seines Hundes waren. Als der Hund heranwuchs, baute er wieder ein neues; einige Jahre später brachte er die wenigen verbliebenen Bände auf den Speicher. Sein Hund gab die Ungezogenheit des Bücherkauens völlig auf; der Herr das Lesen.

*

Falls man es richtig anfängt, kann man jedem Hund Kunststücke beibringen, ganz gleich, wie neurotisch er oder sein Herr auch ist.

Grundsätzlich bedeutet jede Erziehung des Hundes nur eine Weiterentwicklung seiner Reflexe. Seit Pavlovs Experimenten weiß man, daß ein Hund es lernt, automatisch auf Töne und Gesten zu reagieren, wenn sie nur oft genug wiederholt werden. Das wirkt sich so aus:

Nehmen wir an, wir wollten unserm Liebling den Befehl STEH beibringen. Sooft wir ihn nun stillstehen lassen möchten, brüllen wir STEH und halten die Hand hoch, um ihn daran zu erinnern, daß sowohl Stimme wie Handzeichen bedeuten, er solle sich nur ja nicht rühren. Langsam treten wir zurück, die Hand schön hoch haltend. Rückwärts gehend, vergrößern wir den Abstand. Stolpern wir dabei über irgend etwas, so kümmert uns das nicht. Wir stehen wieder auf, gehen weiter und vergessen nie, die Hand in der richtigen Position zu halten.

Nachdem nun der Hund dem Befehl gehorcht hat, erlösen wir ihn aus seiner fixierten Stellung und rufen ihn zu uns. Stets daran denken, ihn kräftig zu loben, wenn er angekommen ist! Ein Knochen oder zwei verdeutlichen ihm unsere Zufriedenheit erheblich. Am besten hat man überhaupt immer eine Anzahl Leckerbissen zur Belohnung bei sich.

Bald schon brauchen wir den Befehl STEH gar nicht mehr zu äußern. Instinktiv weiß der Hund, was die erhobene Hand bedeutet. Sooft wir unserem Hund die Innenfläche der Hand zeigen, um ihn in der jeweiligen Stellung zu fixieren, wird er sich – und sei's aus dem tiefsten Schlummer – sofort erheben und geradewegs auf uns zu marschieren und darauf bestehen, daß Fütterungszeit ist.

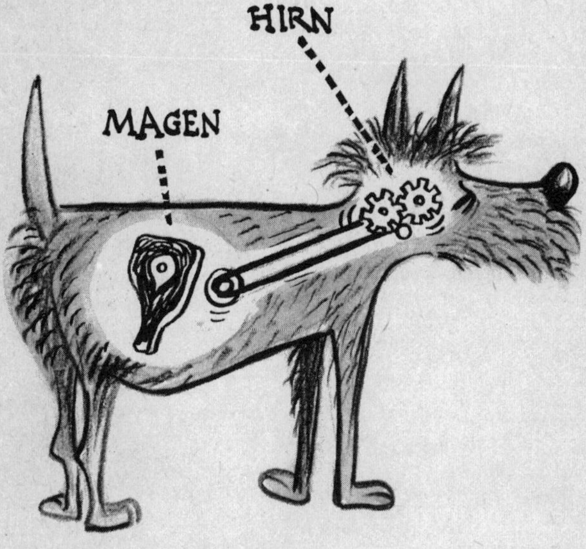

Hunde lernen, wie auch Menschenkinder, am besten durch Nachahmung. Man macht ihm vor, was er tun soll, und vielleicht erwidert er unsere Bemühungen in der gewünschten Weise. Wenn nicht, hat es ihn zumindest gut unterhalten.

JEDER HUND SOLLTE EIN PAAR GRUNDKOMMANDOS BEHERRSCHEN, WIE »NEIN«, »SITZ«, »BEI FUSS«, »ABLEGEN«, »KOMM« UND »HEH! NICHT AUF DEN TEPPICH!« DIE FOLGENDEN SEITEN ENTHALTEN NÜTZLICHE HINWEISE ZUM TRAINING DES NEUROTISCHEN HUNDES.

1. DAS KOMMANDO: »NEIN«

Eines der wichtigsten Worte im Vokabular unseres Hundes ist NEIN. Er muß lernen, daß NEIN das Gegenteil von JA bedeutet, wenngleich ihm die Worte anfangs auch verwirrend ähnlich klingen.

Das Wort NEIN muß mit Verstand angewandt werden. Ein zu scharfes NEIN könnte den Eindruck hervorrufen, der Hund sei unerwünscht. Es gibt verschiedene Möglichkeiten, unser NEIN zu mildern; eine davon ist, es in Serienform von sich zu geben: NEIN, NEIN, NEIN. Die Betonung liegt auf dem letzten NEIN. Als weitere Milderung des üblichen NEIN, NEIN, NEIN verwenden manche Leute, um ihr Mißbehagen auszudrücken, die Form des NEIN, NEIN, NEIN, **NEIN**. Sie erweist sich als besonders angebracht im Umgang mit abgestumpften Tieren. Vier NEINs halten länger wach als drei.

Eine ausgezeichnete Abwandlung dieses entschiedenen Nein-Kommandos ist unter weiblichen Hundeliebhabern im Schwange. Sie hört sich ungefähr so an: »Na-a-in ... na-a-in ... schäm dich doch!« Das erste Na-a-in wird in vorwurfsvoll-tiefen Tönen geäußert; dann steigt die Stimme zu schriller Höhe empor, bis sie ganz oben schließlich umkippt. Oder auch umgekehrt. Dem durchschnittlichen neurotischen Hund klingen beide Versionen nicht allzu unerfreulich in den Ohren (sie erinnern ihn an seine Mutter), und keine von beiden verletzt seine zarteren Gefühle.

Einige Hundebesitzer haben es sich angewöhnt, ihren Hunden das Wort NEIN vorzubuchstabieren, und zwar so: »NEIN! Kannst du nicht hören? N ... E ... I ... N.« Doch das ist unnötig. NEIN ist besonders leicht zu buchstabieren; die Annahme, der Hörer sei nicht gebildet genug, ein solch elementares Wort zu verstehen, ist beleidigend.

2. WIE MAN DEM HUND »SITZ« BEIBRINGT

Jeder Hund sollte sitzen können. Er sollte nicht die ganze Zeit herumliegen und schlafen.
Das erste Problem, das gemeistert werden muß, wenn wir unserem neurotischen Hund das Sitzen beibringen wollen, ist, ihn zum Aufstehen zu bewegen. Man gibt ihm dazu einen freundlichen Klaps auf den Po. Rührt ihn das nicht, klapst man nochmals, doch mit mehr Nachdruck. Regt er sich (wie anzunehmen) auch daraufhin nicht, versucht man es mit Riechsalz.
Ist es einem erst einmal gelungen, den Hund auf die Beine zu stellen, so ist die halbe Arbeit bereits getan. Einen stehenden Hund zum Sitzen zu bringen ist verhältnismäßig einfach, da er bestrebt ist, in die horizontale Ausgangsposition zurückzugelangen und dabei auch die Bewegungen des Niedersitzens ausführt. Unser Problem ist, ihn rechtzeitig zu stoppen, ehe er wieder lang ausgestreckt auf dem Boden liegt.
Das macht man, indem man ihn mit energischem Griff beim Nackenfell packt oder, besser noch, an der Leine hochzieht. Sinn dieser Übungen ist, den Kopf in gewissem Abstand vom Boden zu halten. Während man solcherart den Kopf hochhält, erlaubt man seinem Hinterteil, nach unten zu sinken. Daraufhin wird man feststellen können, daß sich der Hund nunmehr in natürlicher Sitzhaltung befindet.

Diese Stellung wird er so lange innehalten, wie man seinen Kopf nach oben ziehen kann. Lockert man den Griff oder gibt man mit der Leine nach, wird der Hund selbstverständlich zu Boden fallen und wieder die bequemere Liegehaltung einnehmen.

eins

zwei

drei

vier

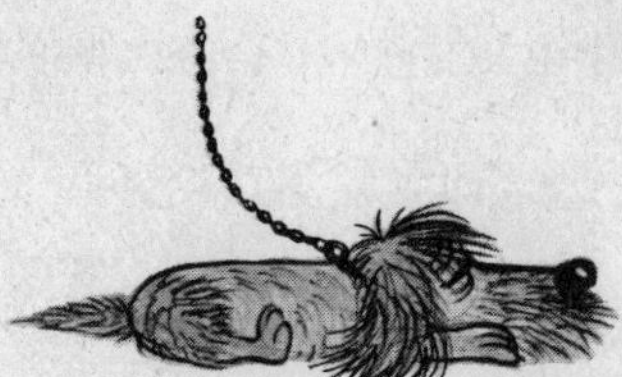

fünf

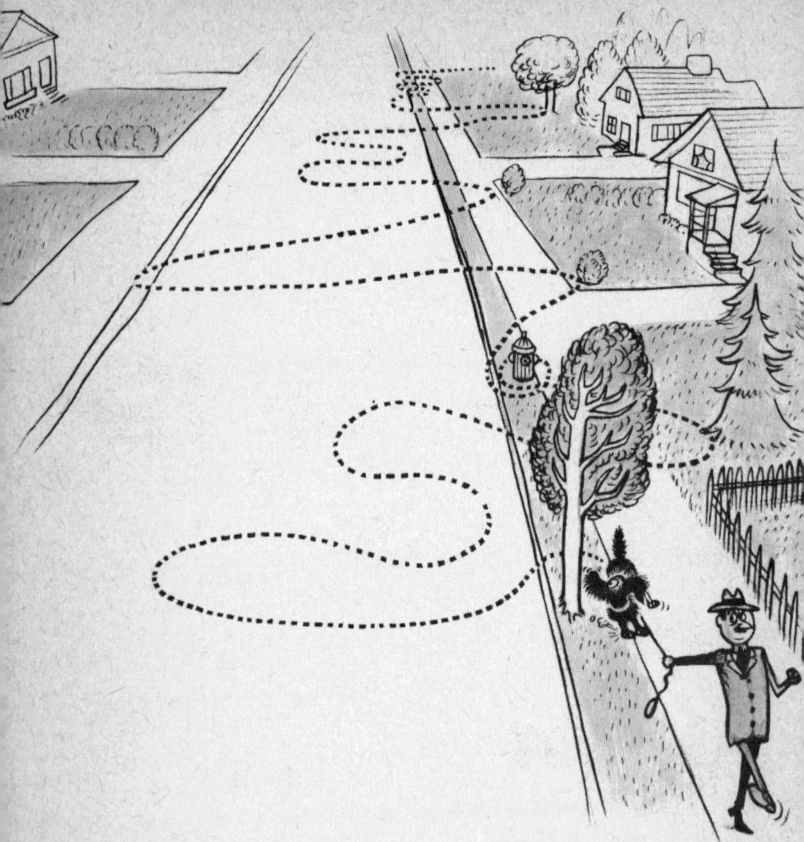

3. ÜBUNGEN ZUM »BEI FUSS«-GEHEN

Im Leben eines jeden Hundes gibt es Zeiten, in denen man mit ihm spazierengehen muß; vor allem dann, wenn er in einer mehrere Stockwerke über der Straße befindlichen Etage daheim ist und es – zumindest für den Hund – eine etwas unbefriedigende Lösung wäre, ihn einfach vors Fenster oder die Tür zu setzen.

Um seinen Liebling spazierenzuführen, braucht man ein Halsband und eine Leine. Dies in der Hoffnung, das solcher Zubehör den Hund an seinem natürlichen Drang, davonzulaufen, hindern werde.

Zuerst stellt man den Hund links neben sich und hält die Leine fest. Dabei gestattet man ihm möglichst wenig Spielraum. Stürzt er davon, rennt man hinterdrein. Stoppt er, stoppt man ebenfalls. Man erwarte solche Stopps an jedem Laternenpfahl (ganz gleich, wie oft schon passiert), ferner an Bäumen, bei anderen Hunden und vor jeder Pfütze, die ihm (wenn auch nicht uns) interessant erscheint. Möchte er die Straße überqueren, läßt man ihn nicht zu weit vorlaufen. Man konzentriere sich im übrigen darauf, die andere Seite zu erreichen, ohne andere Verkehrsteilnehmer aus dem inneren (und äußeren) Gleichgewicht zu bringen.

Entscheidend ist, daß unser Liebling lernt, sich dicht an unserem linken Knie zu halten. Diese Position läßt sich für beide Teile unschwer behaupten. Läuft der Hund einem nach rechts vor die Füße, dreht man sich einfach um 180 Grad und geht den Weg zurück.

Rennt der Hund im Kreis herum, rotiert man so geschwind wie möglich mit, um zu vermeiden, daß sich einem die Leine um die Füße wickelt und man zum Schluß keinen Schritt mehr tun kann. Gerät man dennoch mal in diese hoffnungslose Situation, so bittet man einen der Vorübergehenden (die wahrscheinlich längst zuschauend stehengeblieben sind), uns wieder loszuwickeln. Unter gar keinen Umständen aber darf man dem Hund gestatten, rechts zu gehen. Man hält sich unbedingt an seiner rechten Seite.

4. DAS KOMMANDO »ABLEGEN«

Es ist keine größere Anstrengung dazu erforderlich, dem neurotischen Hund den Befehl ABLEGEN voll verständlich zu machen. Er wird ihn stets billigen. Das Hauptproblem besteht, wie schon früher erwähnt, darin, ihm die Wichtigkeit des entgegengesetzten Kommandos beizubringen.

5. UNSER HUND LERNT DAS WORT »KOMM«

Um den Hund zu lehren, daß er auf Anruf kommt, braucht man wieder das Halsband, ferner eine längere Kordel (von vielleicht zwanzig Metern) und den Hund.
Man legt das Halsband um den Hund, bindet ein Ende der Kordel ans Halsband und hält das andere Ende fest. Dann läßt man seinen Liebling etwa drei bis vier Meter weit laufen. Will er nicht aufwachen oder nicht von einem fortgehen, so geht man selber fort. Nach vier Metern ruft man: »Komm her!«

Hat das keine Wirkung, so versucht man es mit: »Komm bitte her!« oder, noch milder: »Möchtest du vielleicht so gut sein und bitte herkommen?«
Bleiben diese Aufforderungen unbeachtet, so rucke man leicht an der Kordel. **Passiert immer noch nichts, zieht man, diesmal mit mehr Autorität, erneut an der Kordel.** Dann abermals. Drauf erhebt man sich vom Boden und knotet die zerrissene Kordel wieder zusammen.

Erstaunlich, wie wir nach einigen Wochen konzentrierten Trainings wahre Muskelpakete bloß dadurch entwickeln, daß wir unseren Hund zu uns heranziehen, während er in seiner ursprünglichen Horizontalposition verbleibt.
Kann man ihn erst einmal mühelos drei bis vier Meter weit ziehen, so dehnt man die KOMM-Lektion auf das Stadium für Fortgeschrittene aus. Die Übung besteht nun darin, daß man die Entfernung auf sechs und mehr Meter verlängert.
Fünfzehn Meter Abstand geben unserem Hund manchmal die Chance, sich unseren Blicken zu entziehen und hinter einem Busch zu verschwinden. Das darf uns nicht erschrecken! Wir finden ihn immer wieder. Indem wir der Kordel folgen.

6. STUBENREIN MACHEN

Ein Hund, der nicht stubenrein ist, bereitet seinem Besitzer Unannehmlichkeiten. Aus diesem Grunde bestehen die meisten Hundeeigner darauf, daß ihre Lieblinge frühzeitig zwischen einem Sesselbein und einem Laternenpfahl unterscheiden lernen, so ähnlich sie einander auch zu sein scheinen.

Das Toilettentraining, das der neurotische Hund in jungen Jahren durchmacht, ist vom psychologischen Gesichtspunkt aus äußerst bedeutungsvoll. Konfuse Anweisungen resultieren später in ernsthaften emotionellen Störungen des geistigen Gleichgewichts beim Besitzer.

Man sollte mit dem Welpen weder zu nachsichtig noch zu grob umgehen. Übergroße Milde endet damit, daß er das Wohnzimmer als Badezimmer benutzt. Allzu scharfe Disziplin kann andererseits dazu führen, daß er, im Bestreben, nur ja niemanden zu verärgern, seine natürlichen Verrichtungen **nirgends** und unter **gar keinen** Umständen mehr erledigt.

Dabei ist es nicht einmal allzu kompliziert, den Hund zur Verrichtung im Freien anzuhalten. Das Training sollte mit einer etwa vier oder fünf Tage und Nächte dauernden Vigil anfangen. Am besten legt man die Lektionen an den Beginn eines zweiwöchigen Urlaubs, damit man dem gegenwärtigen und künftigen Wohlergehen seines Hundes angemessene Zeit widmen kann.

Unablässiges Hinschauen setzt einen instand, den Schüler gerade noch rechtzeitig zu erwischen. Alarmiert schreit man: »Nein!« und fügt vielleicht noch das eine oder andere Wort hinzu. Öffnet die Tür und befördert den Sünder hinaus. Nach etwa einer Woche holt man den versäumten Schlaf nach.

In Fällen, in denen man nicht rechtzeitig ins Freie gelangen kann, erweist sich vielleicht die Zeitungstechnik als praktischer. Man breitet (nachdem man sie gelesen hat) etliche Ausgaben dick übereinander auf dem Boden aus. Bei kleinen Hunden genügen drei bis fünf Lagen, bei mittelgroßen sieben bis zehn, bei Riesenrassen nimmt man ein halbes Dutzend Illustrierte.

Man setzt den Welpen alle zwei Stunden auf die Zeitungen. Bald schon wird er sich mit schönster Regelmäßigkeit produzieren. Sobald er den Sinn einer Zeitung begriffen hat, wird er sich auf die Suche danach begeben. Von diesem Zeitpunkt an wird man sich hüten, Zeitungen auf dem Wohnzimmersofa liegenzulassen.

Es darf nicht vergessen werden, daß Hunde heutigentags ein schmutziges Zuhause ebenso verabscheuen wie wir modernen Menschen. **Die instinktive Vorliebe des neurotischen Hundes für saubere Umgebung zeigt sich in der wohlbekannten Angewohnheit, gewisse Spuren zu verwischen, indem er sie mit Schmutz zu bewerfen sucht, wenn er dafür auch ein Loch in den Wohnzimmerteppich kratzen muß.**

Es ist eine oft gestellte Frage, ob die Erziehung zur Stubenreinheit wirklich all die Mühe wert sei, ob das Ergebnis die ungeheure Energieverschwendung beim Training des jungen Hundes rechtfertige. Die einzig mögliche Antwort ist ein enthusiastisches JA. Außerdem: hat man eine andere Wahl? Mit einem Hund, der nicht stubenrein ist, kann man nicht zusammen leben. Man muß ausziehen.

Es ist ratsam, die Zeitung vorher zu lesen

Manche Hunde wollen nicht lernen. Sie sind prinzipiell gegen die Idee; sie akzeptieren ihren Herrn nicht als autoritative Persönlichkeit und können nicht zugeben, daß er smarter ist als sie.

In solchen Fällen empfiehlt es sich, professionelle Hilfe in Anspruch zu nehmen. Heutzutage gibt es Nachhilfeunterricht für langsame Lerner, bei Hunden sowohl wie bei Menschen. Der Lehrkörper besteht (im ersteren Falle) aus Experten, die mit hündischer Psychologie wohlvertraut sind. Gewöhnlich ist ein Raubtierzähmer bei der Hand, der den Hunden und ihren Besitzern Instruktionen zubrüllt, und ein Assistent, der mit einem kleinen Besen und Kehrblech die Hundereihe beschließt.

Zunächst widerstrebt es den Hunden vielleicht, an solch organisierter Gruppenbetätigung teilzunehmen; die Vorgänge langweilen sie meist. Doch einmal drinnen . . .

. . . werden sie exemplarische Schüler. Welch ein gefälliger Anblick ist es doch, solch eine Klasse bei ihren Gehorsamkeitsübungen zu betrachten! Hunde, die bisher ihrem Herrn nicht einmal zu antworten

pflegten, werden nun milde und wohlerzogene Persönlichkeiten, erfüllt von edler Lernbegier. Tag um Tag nehmen sie an den Lektionen teil, bereichern ihre Erfahrungen, polieren ihr Benehmen, bis ...

... zur Promotion. Auf diesen Tag haben sie alle gewartet. War er die ganze Mühe wert, all den Schweiß, der überm Lernen vergossen wurde?

Natürlich war er es.

Zusammenfassung des 2. Kapitels

1. Prüfe immer, ob dein Hund dich auch versteht. Lerne korrekt und wohlmoduliert zu sprechen.

2. Versuche nicht, dich mit dem Hund in seiner eigenen Sprache zu verständigen, wenn es dir auch einfacher vorkommen mag, als Deutsch zu sprechen. Die meisten Menschen lernen niemals richtig bellen.

3. Erkläre ihm seine Fehler. Alle Hunde ziehen Überredung der Gewalt vor, besonders wenn letztere gegen sie gerichtet ist.

4. Stoße deinen Hund nicht herum. Er könnte dich beißen. Tut er es, tadle ihn und rufe einen Krankenwagen herbei.

5. Denk daran: Mit Freundlichkeit erreicht man viel. Ein glücklicher Hund ist hundert unglückliche Herren wert.

3. Kapitel

Schlafgewohnheiten des neurotischen Hundes

Die wesentlichste Beschäftigung im Leben eines Hundes ist schlafen. Er braucht Schlaf, um sich zu erholen, um genügend Energie zum Aufstehen zu sammeln, um mehrmals täglich zu fressen. Der durchschnittliche neurotische Hund bedarf täglich ungefähr 24 Stunden lang der Ruhe.

Gelegentlich hört man von Fällen, in denen Hundebesitzer ihre Lieblinge mehrere aufeinanderfolgende Stunden hindurch wach hielten. Solche Kraftprotzereien sollte man von Hunden nicht erwarten. Die Augen so lange hintereinander offenhalten zu müssen, kann den Gemütszustand des Hundes ernstlich angreifen; es langweilt ihn. Bald schon wird er einen völligen Nervenzusammenbruch erleiden; wahrscheinlich auf einem frischgemachten Bett.

Wer seine Lieblinge wirklich gern hat und sich um sie sorgt, macht es ihnen bequem. Im Wohnzimmer ist das unter Umständen nicht so einfach, da die meisten modernen Möbelstücke nicht in erster Linie zur behaglichen Unterbringung von Hunden entworfen wurden.

Heutige Stühle eignen sich ganz gut zum Draufsitzen (von Menschen), aber die meisten Hunde legen sich lieber. Tische werden sehr häufig unter offenkundiger Nichtbeachtung der naturbedingten Umrißlinien von Hundekörpern gebaut.

SCHLINGSESSEL sind weder für Menschen noch Hunde richtig entworfen

OVALE STÜHLE sind zu schmal für den durchschnittlichen Hund

KAFFEETISCHE haben viel zu harte Platten

Das einzige Möbelstück, das dem uralten Hundeverlangen nach passender Schlafgelegenheit in vollem Umfang entspricht, ist das Bett. Für den Hund ist das Bett eine verblüffende Erfindung, vielleicht die vollkommenste, sicherlich die nützlichste, die der Mensch je ersann.

Die Bettoberfläche gestattet es dem Hund, sich nach jeder gewünschten Richtung hin auszustrecken. Er kann seine Position leicht ändern; am Tage sucht er sich den sonnigsten Platz aus. Sinkt die Temperatur unter den erforderlichen Wärmegrad, so ist es möglich, die Bettspreite auf den Boden zu werfen und unter die Decken zu kriechen. Die Laken sind sauber und darin angenehm verschieden vom Teppich, auf dem die Menschen gedankenloserweise Tag um Tag mit Schuhen, oder, noch schlimmer, am Abend ohne Schuhe herumlaufen. Gewöhnlich gibt es auf dem Bett Kissen, die leicht genug sind, nach Belieben verschleppt zu werden.

Fast den ganzen Tag über findet der Hund Abgeschieden- und Verborgenheit im Schlafzimmer; hier kann er ungestört schlummern. In der Küche tritt man vielleicht auf ihn, oder er läuft anderen vor die Füße. Im Wohnzimmer setzt man sich vielleicht auf ihn, während er sich auf der Couch ausruht. Doch im Schlafzimmer ist er so weit wie nur eben möglich entfernt von jenen, mit denen er nun mal sein Zuhause teilen muß.

Als Möbelstück hat das Bett in den Augen des Hundes nur einen einzigen Nachteil: auch der Mensch meint, er müsse drin schlafen. Oft muß es der Hund erleben, daß sein Mittagsschläfchen gegen elf Uhr nachts rauh unterbrochen wird durch seinen Herrn, der im Pyjama auftaucht und nachdrücklichst seinen Platzanteil verlangt. Der anschließende Kampf dauert manchmal bis tief in die Nacht, gelegentlich auch bis andernmorgens.

Obwohl kein Hund **gern** das Bett mit Menschen teilt, gibt es Mittel und Wege für ihn, die Lage zu verbessern. Ein paar Beispiele mögen das verdeutlichen:

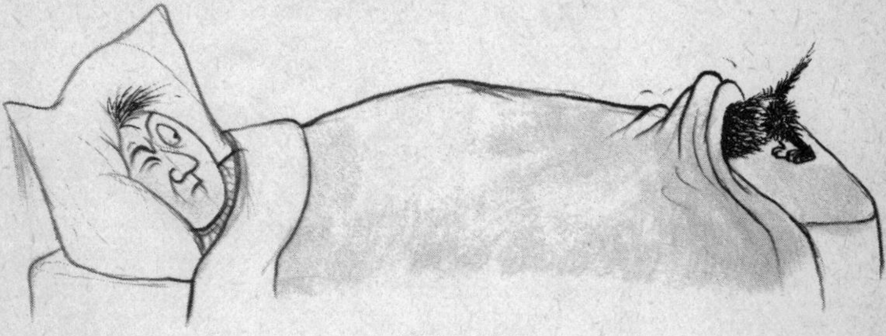

DER WÜHLER weiß, daß das wärmste Plätzchen *unter* der Decke liegt. Sich durch die Faltenmassen zwängend, trifft er bald heil und wohl an seiner Lieblingsstelle ein.

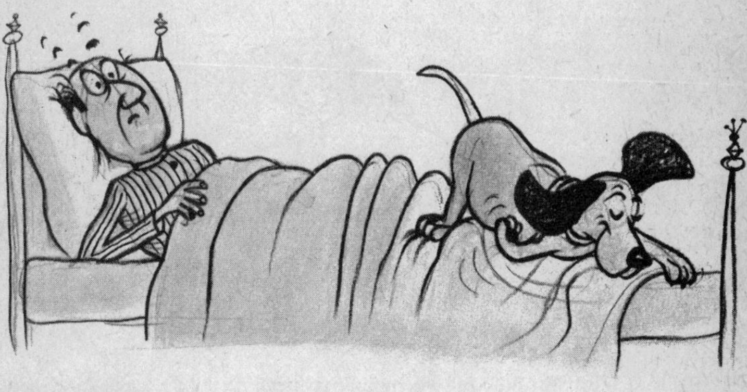

DER SCHAUFLER braucht eine Vertiefung zum Schlafen, vermutlich als Schutz gegen mythische Feinde. Er versucht, sich im Bettzeug ein Loch zu graben, und manchmal gelingt es ihm.

DER KUSCHLER drängt sich dicht, dicht an den menschlichen Partner. Seine Zuneigung schmeichelt dem Menschen; für den Hund jedoch hat sie praktischen Wert: er weiß, daß Menschen ausgezeichnete Wärmflaschen abgeben.

DER SCHLAFWANDLER unternimmt während der Nacht kurze Abstecher in die Küche (für einen Mitternachtshappen) oder nach draußen (aus den verschiedensten Gründen). Dieser Typ nimmt häufig, getrieben von innerem Drange, den kürzesten Weg.

DER KOPFKISSEN-TEILER glaubt nicht, daß Kopfkissen nur für den Kopf da sind. Vielleicht bei Menschen, mag sein, aber gewiß nicht bei Hunden.

DER SPRINGER geht fröhlich zu Bett. Das Bett ist weich genug, seine Landung abzufangen, und sein Herr ist's ebenfalls.

DER FRÜHAUFSTEHER wird mit der Sonne wach und begrüßt den Tag mit jubelndem Enthusiasmus. Er liebt es, diese Gefühle mit seinem Herrn zu teilen; hat er das getan, geht er wieder schlafen.

DER GROSSE HUND würde sich *gern* mit seinem Herrn ins Bett teilen. Wegen der Maße des Bettes ist das unglücklicherweise nicht immer möglich.

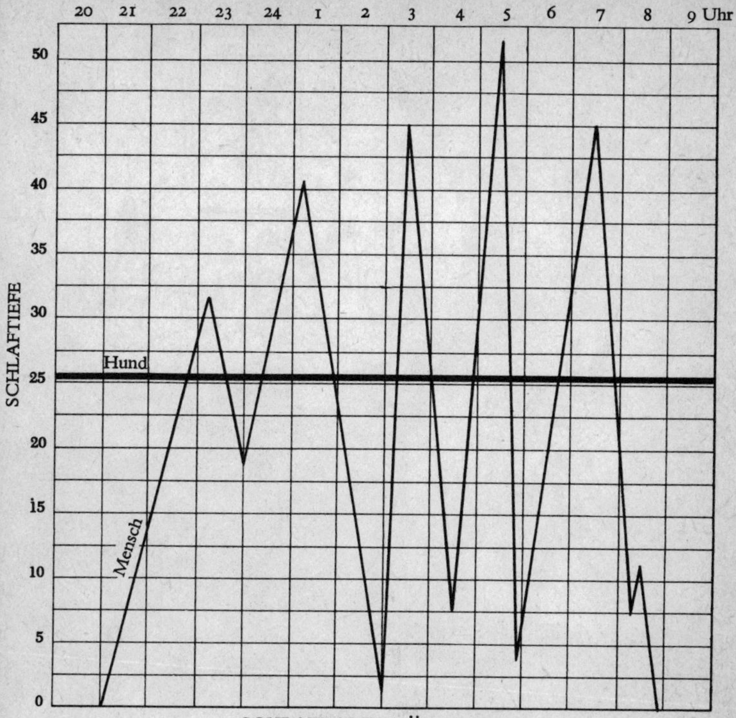

SCHLAFKARTE FÜR HUNDE

Vom Standpunkt des Hundes aus gesehen, sind Menschen wirklich seltsame Bettgenossen. Unter Wühlen und Wälzen und Ächzen und Stöhnen schlafen sie ein und erwachen am Morgen müder als vorher. Während der Nacht murmeln sie Worte vor sich hin, die noch unverständlicher sind als jene, die sie in wachem Zustand äußern.

Im scharfen Gegensatz zu diesen nächtlichen Gewohnheiten der Menschen stehen die der Hunde. Die Schlafkarte oben zeigt, wie der durchschnittliche Hund die Nacht verbringt.

Das Studium zuckender Hundeschwänze und bibbernder Hundenasen hat mit an Sicherheit grenzender Wahrschein-

lichkeit ergeben, daß Hunde lebhafte Träume kennen. Hier
sind die nächtlichen Träume einer Hündin aufgezeichnet

Manche Hundebesitzer weigern sich, ihr Bett mit ihren Lieblingen zu teilen. Diesen Leuten mag die folgende Anweisung, einen Hund Zug um Zug aus dem Bett zu bekommen, nützlich sein.

Zuerst bringe man den Hund in Reichweite der Hände. Man beginne mit freundlicher Überredung. Zeigt dies nicht den gewünschten Erfolg (was es nie tut), bediene man sich seines Körpers und seiner Beine. Wellenförmige Bewegungen des Torsos lassen den Hund vielleicht so dicht in unsere Nähe rollen, daß man nach ihm greifen kann. Nun schiebe man ihn kräftig fort, beide Hände benutzend. Wenn er beißt, reiße man sofort ein Stück des Lakens als Verband ab.

Befindet sich der Hund unter der Decke (und die smarteren Rassen ziehen diese Position immer vor), so taste man nicht blindlings nach ihm. Das weiseste Vorgehen ist, die Decke allmählich zu lüften. Das gelingt am besten, wenn man zuvor selbst aus dem Bett steigt. Die Decke nie zu plötzlich fortziehen, da jähe Bewegungen den Hund verdrießen und ihn um das, was seiner Meinung nach ihm gehört, kämpfen lassen werden!

Freilich ist es durchaus möglich, daß der Hund selbst nach gänzlichem Entfernen der Decke weiterschläft. Man versuche dann die Kissenwurfmethode. Platzt das Kissen, darf man darob nicht verzweifeln; man kann leicht ein neues kaufen. Nun hüpfe man minutenlang die Matratze auf und nieder.

An diesem Punkt des Vorgehens werden manche Hunde (vorzüglich jene unter dem Namen »Wachhunde« bekannten) langsam ein Auge – oder auch alle beide – öffnen, wiewohl sie vermutlich nicht willens sind, das Bett zu verlassen. Als nächstes wird man deshalb das Bett schütteln. Man hebt es an einem Ende hoch und läßt es energisch auf den Boden knallen. Drauf zieht man die Matratze weg und dreht das ganze Bett um.

Führen alle diese Bemühungen zu keinem positiven Ergebnis, so zeigt man ihm, daß es Ernst wird. Man macht dem Hund nachdrücklichst klar, daß man zu den Menschen gehört, die eisern zu ihren Prinzipien stehen: man wird das Bett **nicht** mit ihm teilen! Man nimmt eine frische Decke aus dem Wäscheschrank und legt sich zum Schlafen auf die Wohnzimmercouch!

Eine wohlbekannte Methode, Hunde aus dem Bett ihres Herrn herauszuhalten (gebilligt vom Tierschutzverein, von der Gesellschaft gegen Mißbrauch von Tieren und von den Hunden selbst), ist es, ein Extrabett ausschließlich für hündische Benutzung zu errichten. Um diese Erfindung dem Hund willkommen zu machen, muß sie gewisse Eigentümlichkeiten aufweisen. Leichte Bewegung des Kopfes macht dem dahindösenden Hund Nahrungsmittel zugänglich. Federkernmatratze, nicht zu weich, folgt seinem Körperumriß. Zum Bett führende Stufen ersparen das Hinaufspringen. Kissen können sowohl zum Ruhen wie zum Zerkauen verwandt werden. Um den Hund in Schlaf zu lullen, ist eine Musikbox eingebaut. Konterfei der Herzliebsten verhilft dem Hund zu freundlichen Träumen. Großer rotierender Fächer setzt verstaubte Luft in Bewegung, ohne den Schlaf zu stören.

Zusammenfassung des 3. Kapitels

1. Denke daran, daß ein Hund Schlaf braucht, wenn er müde ist (nämlich immer). Sein Dasein ist nicht leicht. Er führt ein Hundeleben.

2. Störe ihn nicht, wenn er ruht. Sprich nur im Flüsterton und geh auf den Zehenspitzen. Sorg dich nicht wegen der Einbrecher. Die machen es ohnehin so.

3. Verschaffe dir ein möglichst bequemes Bett. Dein Liebling wird deine Sorgsamkeit zu schätzen wissen, wenn er sich hineinlegt.

4. Laß dir jedoch keineswegs die Nachtruhe stören. Falls er dich zu oft weckt, versuche es mit Schlaftabletten.

5. Benutze in kalten Nächten eine elektrisch beheizte Decke. Hunde lieben Wärme.

6. Und bitte – bitte: nicht schnarchen!

4. Kapitel

Wie man den neurotischen Hund pflegt und anzieht

Jahrhundertelang sind Hunde nackt herumgelaufen. Die moderne Zivilisation hat diesen Zustand beendet. Dank der Sorgsamkeit des Menschen gibt es heute für jeden Hund die richtige Bekleidung: jedem Umfang, jeder Größe und jedem Geldbeutel angepaßt.

Es ist wichtig, unsere Hunde angemessen auszustatten. Entgegen volkstümlicher Ansicht **lieben** Hunde es, angezogen zu werden – besonders, wenn sie neurotisch sind. Kleider geben dem Hund das Gefühl der Wichtigkeit, der Gleichberechtigung mit seinem Herrn. Ist seine Garderobe eleganter als die des Herrn (wie öfters der Fall), so fühlen sie sich nur um so gleichberechtigter.

Korrekt gekleidet zu sein hat natürlich auch praktische Aspekte. Im Winter hält ein Anzug den Hund warm; im Sommer hält er ihn entschieden zu warm. Kleidung hält den Hund außerdem sauberer; Kleider zu waschen macht weniger Arbeit, als Hunde zu waschen.

Am wichtigsten aber: an der Art der Kleidung, die ein Hund trägt, kann jeder andere Hund ohne weiteres erkennen, ob der Träger männlichen oder weiblichen Geschlechtes ist. Das erspart die Mühe einer Straßenüberquerung zu bloßer Routine-Inspektion.

Hunde ziehen sich anderer Hunde wegen an. Sie lernen schnell, daß Kleider gesellschaftliche Symbole sind. Kleider können sie arm oder reich erscheinen lassen, schick oder hinterwäldlerisch. Hunde mögen ihre Gefühle verbergen können, doch innerlich murren sie, wenn sie auf der Straße einem besser ausgestatteten Kollegen begegnen. Sehr oft ist es das Kostüm, das den Hund aus der Reihe jener hervorhebt, die ausgezogen ihm beunruhigend ähnlich sehen.

Der Anzug sollte immer auf die Persönlichkeit des Hundes abgestimmt sein. Der moderne Hundebesitzer ist in der Lage, aus reichhaltiger Auswahl klug so zu wählen, daß seines Hundes verborgene Persönlichkeit ans volle Licht tritt.

TRENCHCOAT wird von Hunden bevorzugt, die von Natur aus mißtrauisch sind, wie etwa Wachhunde.

Der DAMENHELD ist wahrscheinlich der kleidernärrischste aller Hunde. Er weiß, daß Kleider Hunde machen.

GRAUER FLANELLANZUG, einreihig mit drei Knöpfen, gestreift, schmale Schulter, ist für den jungen Weltmann entworfen.

Der LANDHAUSBEWOHNER liebt den bequemen Dreß, der zu seinem sportlichen Leben in freier Natur paßt.

Der COLLEGE-TYP trägt voll Stolz den schweren Wollpullover mit dem überdimensionalen Buchstaben auf der Brust. Es unterstreicht das Athletische in ihm.

Der HOCHMÜTIGE fordert die anderen Hunde durch sein mysteriöses Air heraus.

Besonders dringend ist die Bekleidungsfrage für Hündinnen. Ihre äußere Erscheinung liegt ihnen fortwährend im Sinn. Die weibliche Mode ändert sich rapide. Taillen gleiten von der Büste bis zum Knie und wieder zurück, Säume sausen auf und ab. Es lohnt sich, up to date zu bleiben, indem man gelegentlich Modejournale studiert. Nichts ist so herzzerreißend anzusehen wie eine Hündin, die nichts zum Anziehen hat.

IN DER TAILLE GERAFFTES KLEID mit großer Schleife; ein Entwurf, der mehr oder weniger der Figur folgt. Schlitz im Rücken gibt dem Schwanz volle Bewegungsfreiheit.

AUSLADEND BREITRANDIGER STROHHUT für den Sommer, beliebt bei Hundedamen, die selbst an heißen Tagen Wert auf die äußere Erscheinung legen.

SPITZE PELZMÜTZE für den Winter, anmutig um die Schultern fallend. Diese Kopfbedeckung läßt das bestimmende Merkmal des Hundes, seine Nase, besonders hervortreten.

REICHE AUSWAHL AN SCHUHEN STEHT FÜR ZARTE FÜSSE zur Verfügung. Schwere Gummistiefel (links) verhindern das Eindringen von Feuchtigkeit während unumgänglicher Spaziergänge. Wollsocken (rechts) sind für den Hausgebrauch bestimmt; sie halten die Füße des Hundes sauber.

WEIBLICHE HUNDE tragen gern knappe Badekostüme. Die Schöne geht vielleicht nicht damit ins Wasser, macht aber an Land gewiß großen Eindruck.

MÄNNLICHE Badehosen entblößen einen strammen Athletenkörper.

FÜR DIE, DENEN ES SCHNUPPE IST.

Die meisten Hundebesitzer meinen, Hunde badeten nicht gern. Hauptgrund für diese Annahme ist die Tatsache, daß Hunde ihr Bad hassen.

Wir müssen jedoch die untergründigen psychologischen Ursachen der Abneigung aller Hunde gegen Wasser und Seife erforschen. Dem Hund geht nämlich bald auf, daß es für ihn praktisch sinnlos ist, in die Wanne zu steigen. Sein Besitzer mag finden, er rieche schlecht, doch das ist Ansichtssache. Die anderen Hunde jedenfalls finden seinen Geruch ganz in Ordnung, Ja, ein gewaschener Hund wird von seinen vierbeinigen Freunden oft so lange ausgestoßen, bis er wieder zu seinem alten Selbst geworden ist.

Einen Hund zu baden verlangt Geduld, Verständnis und brutale Kraft. Die hier gegebenen detaillierten Anweisungen mögen jenen Besitzern helfen, die ihre Hunde nicht nur sauber, sondern auch glücklich machen wollen.

1

ERKLÄRE DEINEM HUND, weshalb du meinst, er müsse gesäubert werden. Sag ihm, daß nette Hunde auch saubere Hunde sind.

2

SCHIEBE IHN SANFT ZUR TÜR HIN, näher an den Zuber heran. Sprich ihm dabei mit leiser, beruhigender Stimme gut zu.

3 SETZ IHN IN DEN ZUBER. Das ist wichtig.

4 DANN STEIG AUS DER WANNE AUS

5

BÜRSTE IN EINER HAND, Seife in der anderen, beginne ihn zu waschen.

6

WASCHE IHN GRÜNDLICH, selbst an schwer erreichbaren Stellen.

7 ERLAUBE IHM, SICH ZU SCHÜTTELN. Denk daran, daß ein trockener Hund einem nassen Hund vorzuziehen ist.

8 VOM BAD ERFRISCHT, wird der Hund seine angesammelten Energien austoben wollen. Ermuntere ihn dazu, ein wenig durchs Haus zu streifen.

9 DANN RUHE DICH AUS.

BÄRTIGKEIT verleiht dem starken Geschlecht einen intellektuellen Anstrich. Hündinnen, besonders solche aus der Großstadt, scheinen diesen Anblick unwiderstehlich zu finden.

BORSTENSCHNITT trägt vorwiegend die jüngere Generation. Richtig geschnitten, steht das Haar kerzengerade hoch.

Wohlgepflegt zu sein erhöht das Gefühl der Selbstachtung im Hund. Es gibt heutzutage eine mannigfache Auswahl von Hundefrisuren

UNVERFÄLSCHTE NATÜRLICHKEIT erfreut sich großer Beliebtheit bei Hunden, die stolz darauf sind, Hunde zu sein. Ihr größter Vorteil liegt darin, daß keine Frisierkünste erforderlich sind.

PERÜCKEN können für Hündinnen mit einem Flair für das Ungewöhnliche erstanden werden. Die Möglichkeiten auf diesem Gebiet sind so groß und variabel wie die Phantasie des Hundes selber.

(wie man sie gelegentlich auf Menschenköpfen entdeckt). Selbst betont männliche Hunde können mit ihrem Haar verschiedenes anfangen.

EIN GUTGEPFLEGTER HUND IST EIN GLÜCKLICHER HUND

Zusammenfassung des 4. Kapitels

1. Bring deinen Hund nicht dadurch in Verlegenheit, daß du ihn unangezogen auf die Straße schickst.

2. Erwäge stets seinen persönlichen Geschmack bei der Wahl der Ausstattung.

3. Zieh deinen Hund nicht nach der vorjährigen Mode an.

4. Laß immer einen Schlitz für Schwanz usw. offen.

5. Vergiß nicht, daß ein Kleid mit und ohne Gürtel getragen werden kann.

6. Gebrauche viel Wasser und Seife. Nach beschwerlichem Herumtoben wird dein Hund den Gedanken an ein Bad willkommen heißen. Nimm eins.

5. Kapitel

Reisen mit dem neurotischen Hund

Hunde schätzen das Reisen. Es gibt ihnen das Gefühl, endlich einmal allem zu entfliehen – ihrer Umgebung, ihren Herren. Überdrüssig der täglichen Routine, welche der Mensch ihm auferlegt, findet der durchschnittliche neurotische Hund unserer Tage zu Hause keinen anderen Ausfluß für seine Energien, als sich im nächsten Sessel zusammenzurollen und zu schlafen. Wahrlich willkommen ist ihm da der Anblick neuer Orte, neuer Plätze – etwa eines Hotelbettes.

Hunde genießen diesen Tapetenwechsel so inbrünstig, daß sie um seinetwillen munter die mit dem Reisen verbundene Mühsal ertragen. Sich von einem Ort zum anderen zu begeben – eine Tätigkeit, ohne welche das Reisen nicht möglich ist –, erfordert unter Umständen Perioden verstärkter Aktivität. Es soll Fälle gegeben haben, in denen man Hunde mehrere Straßenblöcke weit vom Hotel bis zum Bahnhof zu Fuß laufen ließ! Dennoch hört man sie selten klagen.

In der Regel finden Hunde die vom Menschen ersonnenen Transportmittel recht angenehm, mit Ausnahme vielleicht des Hundeschlittens. Für sie macht es keinen wesentlichen Unterschied, ob sie per Luft, See oder Straße reisen. Jedes mechanische Vehikel, das sie von einem Ort zum anderen befördert, spielt ihrer Ansicht nach eine wichtige Rolle im zivilisierten Dasein.

Das Auto freilich stellt beträchtliche Anforderungen an das hündische Nervensystem. Hier einige Tips, wie man seinen Lieblingen das Reisen im Auto angenehmer gestalten kann:

Den *meisten* Raum bietet unterwegs natürlich der Rücksitz. Er ist für die emotionellen Bedürfnisse des reisenden Hundes geradezu ideal.

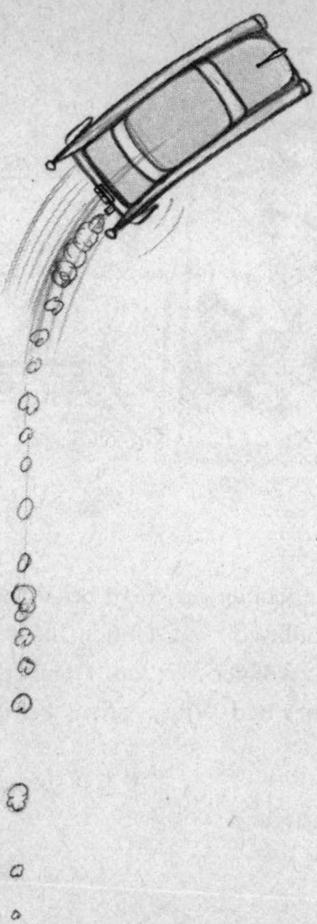

Gute Fahrweise erlaubt es dem Hund, seinen Schlaf nachzuholen. Kurven sollte man sorgfältig nehmen; acht bis zwölf Stundenkilometer sind dafür ein angemessenes Tempo. Reifenkreischen ist unbedingt zu vermeiden!

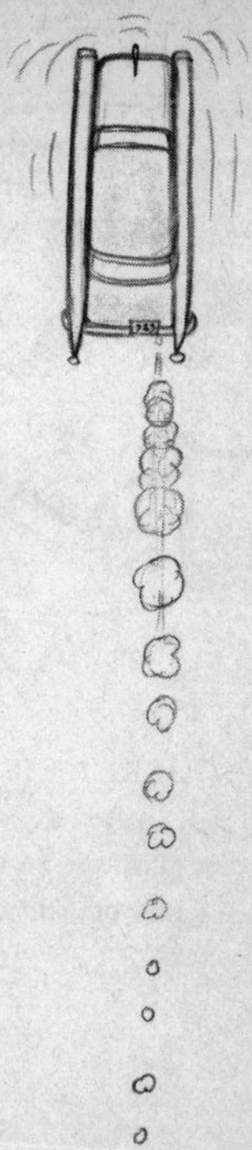

Zum *Halt* Wagen ausrollen lassen. Plötzliches Stoppen ist mit Erschütterungen verbunden, und wenn der Hund auch nicht jedesmal aufwacht, so könnte der Stoß vielleicht unangenehme Träume hervorrufen.

Der Hund unserer Tage paßt sich in wahrhaft bemerkenswertem Maße den Prüfungen der Reise per Auto an. Kluge Besitzer hüten sich, ihrem Hund die Freude an der Tour zu nehmen; sie lassen ihn sein, was er ist – ein Hund. **Vergiß nie, daß die Fahrt dein Einfall war, nicht seiner!**

Der AUSGUCKFROHE möchte die Umgebung im Auge behalten, um vorüberfahrende Autos anzuknurren oder hohnvoll auf Hunde hinabzugrinsen, die auf dem Trottoir zu Fußmärschen gezwungen werden. Damit er rundum klar sehen kann, braucht der Hund Sommer und Winter offene Fenster.

Der SCHOSSHUND demonstriert seine Zuneigung dadurch, daß er sich auf dem Schoß des Fahrers niederläßt. In typisch hündischer Ergebenheit hält er diese Position standhaft bei.

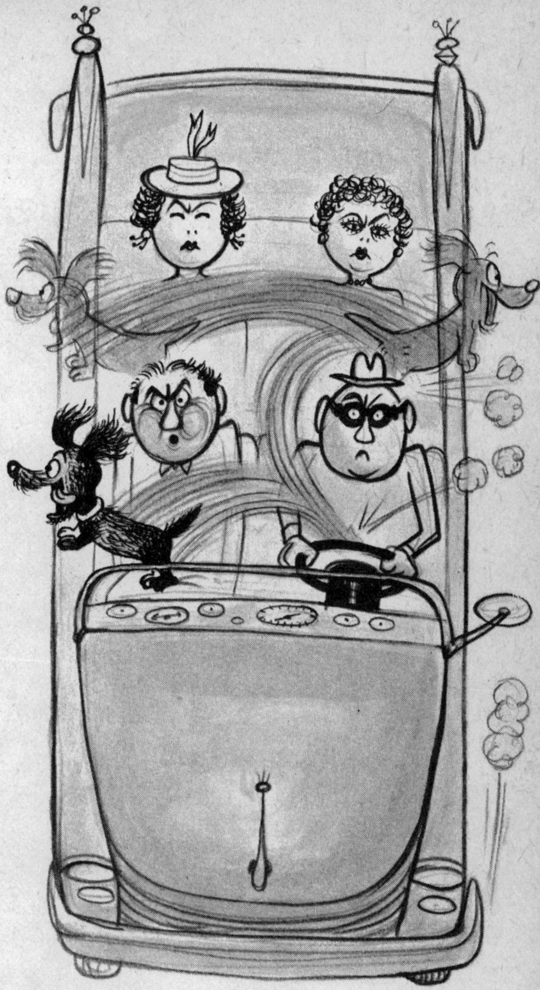

Der GESELLIGE möchte sich mit jedem anfreunden.

Der EINSIEDLER sucht instinktiv dunkle Ecken des Wagens auf, wo er seinen versäumten Schlaf nachholen kann.

Der REISELUSTIGE kann es nicht abwarten, ins Auto zu gelangen.

Der RÜCKGEWANDTE betrachtet die Welt, wie sie vor dem hinteren Fenster abrollt. Hier kann man viel sehen, ohne sich umzudrehen oder den Kopf zu heben; Augenrollen ist die einzige körperliche Kraftanstrengung, deren es bedarf.

Aus Gründen, die wahrscheinlich nur ihnen bekannt sind, halten die meisten Hunde das Autoinnere für ihren Privatbereich und ergreifen strenge Maßnahmen, diesen Bezirk gegen Außenseiter abzuschirmen. Als solch aufdringliche Außenseiter werden vor allem Tankwarte betrachtet. Das stellt ein Problem dar, wenn der Fahrer Benzin braucht. Um engere Kontaktnahme zwischen Hund und Tankwart zu vermeiden, halten manche Fahrer während der erforderlichen Transaktion das Fenster dicht geschlossen. Die Verständigung mag unter diesen Umständen etwas neckisch vor sich gehen, ist aber keinesfalls unmöglich.

Schrei von drinnen Anweisungen hinaus.

Benutze die Fingersprache, um die Anzahl der gewünschten Liter darzutun.

Dreh das Fenster einen Spalt weit hinunter, um mit dem Manne zu verhandeln.

Wenn es gar nicht anders geht, wage ein kalkuliertes Risiko. Öffne das Fenster ganz.

Eisenbahnen und Fluggesellschaften verlangen von Hundebesitzern meist, daß sie ihre Lieblinge in Behältern verwahren. Reisekäfige dieser Art können fertig gekauft oder selbst gemacht werden. Die besten sind solche, die mit reichlicher Anzahl von Luftlöchern versehen sind, damit der Hund frei atmen oder, falls er das für wünschenswert erachten sollte, hinausspähen kann.

Große Hunde brauchen große Reisebehälter.

Hunde unterhalten sich unterwegs gern durch Jaulen, Winseln oder Knurren. Da die Mitreisenden annehmen könnten, diese Töne stammten vom Besitzer selber, empfehlen sich schalldichte Behälter. Sie ersparen einem unter Umständen beträchtliche Verlegenheit.

Hundebesitzer fragen sich bei der Planung ihrer Ferien oftmals, welche Ferienart ihrem Liebling wohl am besten bekommt. Wo wird er am glücklichsten sein, wo ist er am entspanntesten er selbst?
Die Antwort ist gar nicht so schwierig, wie sich manche Menschen vorstellen. Die Bedürfnisse eines Hundes sind nämlich simpel und unkompliziert. Fressen gehört sehr wesentlich dazu; deshalb kommt ein Hotel, das zum Beispiel Steaks zu roh oder zu stark gebraten serviert, nicht in Frage. Sehr einverstanden sind Hunde mit der Sitte ihrer Herrn, im Bett zu frühstücken. Außerdem ziehen sie es vor, sich tagsüber auf einem wohlgemachten Bett zu entspannen. Man sollte sich deswegen vor der Wahl des Hotels nach dem Zimmerservice erkundigen.
Organisierte gesellige Freuden – heutzutage Teil vieler Ferienprogramme – werden vom Großteil aller Hunde entsetzt abgelehnt. Durch ein Wunder der Natur sind Hunde nämlich in der Lage, ihren Tag mit unfehlbarem Instinkt selber zu organisieren. Um ihn ohne Unterbrechung zu durchschlafen, bedürfen sie nicht der Hilfe von außen.

Das vielleicht größte Dilemma jedoch, dem sich Hundebesitzer gegenüber sehen, heißt: Sind Gebirgsorte Seebädern vorzuziehen?

In der Regel bevorzugen Hunde die letzteren. Ihre Wahl ist streng logisch begründet. Gebirgsgegenden eignet eine gewisse Rauhheit, und nicht selten ist es dort erforderlich, bergauf zu wandern, um irgendwohin zu gelangen. Weite Strecken sind mit Bäumen aller Größen und Formen bedeckt – ein verwirrendes Erlebnis selbst für den methodischsten Hund. Im Gegensatz dazu sind Meeresufer einigermaßen flach und mit weichem, angenehm zu verarbeitendem Sand bedeckt.

An den Stränden kann man Hunde in den verschiedensten Stadien verschiedenster Grabe- und Wühltätigkeit entdecken. Es handelt sich hier um eine neurotische Angewohnheit vieler ferienmachender Hunde, und genaue Studien zeigen, daß ihr Verlangen, unter die Erde zu gelangen, psychologisch begründet ist. Sie wollen:

1. von den Menschen weggelangen (der Mechanisierung entfliehen);
2. andere Leute am Strand ärgern (übertriebener Ausdruck der Feindseligkeit);
3. eine Schlafstätte graben (Suche nach Sicherheit);
4. auf dem kürzesten Wege dorthin gelangen, wohin sie gerade jemand lautstark geschickt hat.

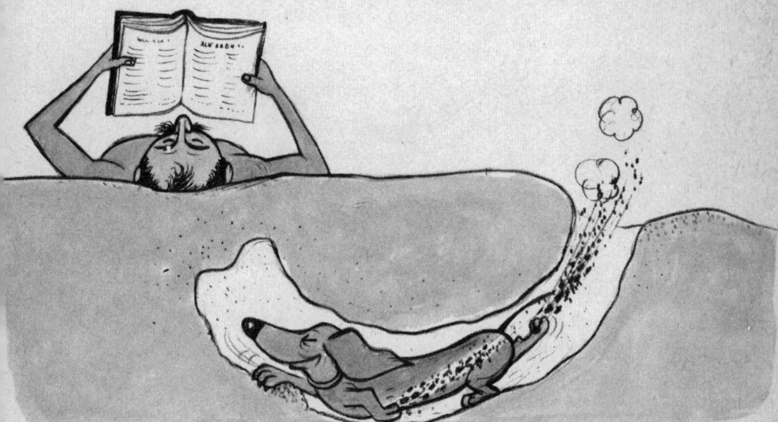

Beinahe alles, was sein Herr in den Ferien zu tun beschließt, ist dem Hunde recht. Ja, ganz gleich wie albern dessen Tätigkeit auch aussehen mag, **der Hund begleitet ihn allein schon, um zu beweisen, daß es einen Kameraden wie den Hund so leicht nicht wieder gibt.**

FISCHEN spricht den Hund besonders an; er genießt das erregende Warten auf den Fisch, aufs Anbeißen, den ganzen Nervenkrieg, der dem Fang vorausgeht.

JAGDAUSFLÜGE bieten dem Hunde Gelegenheit, seine schlummernden Talente zu beweisen, jene Geschicklichkeiten, die seine Vorfahren ihm vererbten.

SCHÖNE AUSSICHTEN BEWUNDERN ist eine Tätigkeit, mit der Hunde innig einverstanden sind, zumal dann, wenn es geschieht, wie es geschehen sollte: ohne Hast.

BERGSTEIGEN mag mit Gefahr verbunden sein, doch der Lohn ist groß. Die frische, belebende Luft füllt die Lunge bis in die letzten Spitzen, spannt und kräftigt die Muskeln. Die Befriedigung, Berge bezwungen zu haben, die einen herausforderten, macht alle Mühe reichlich wett.

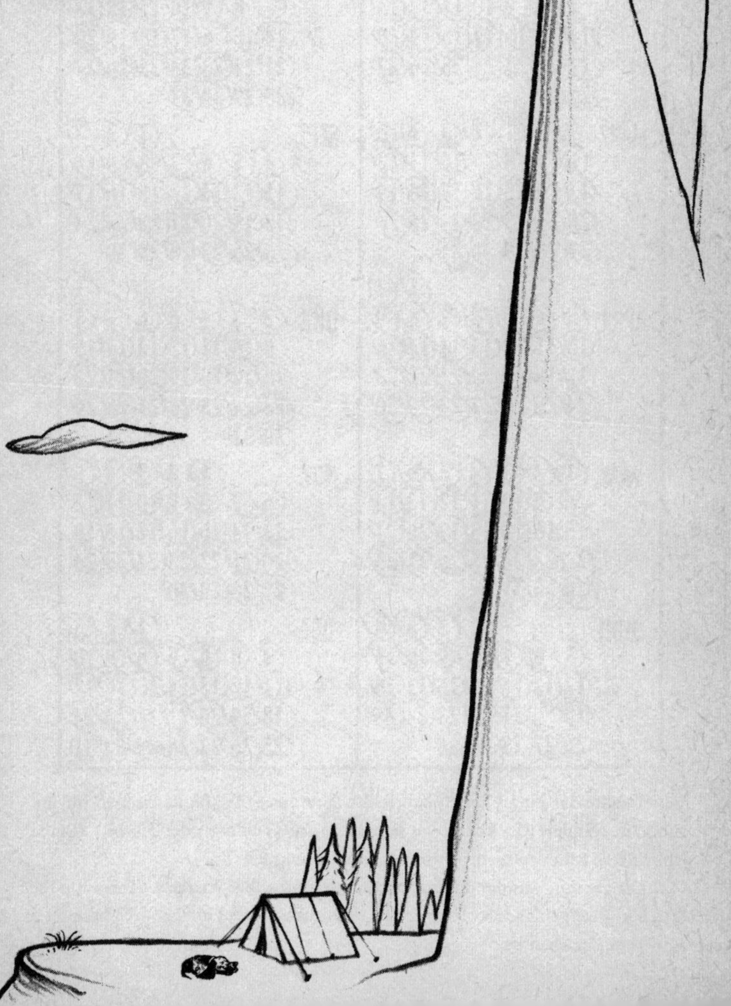

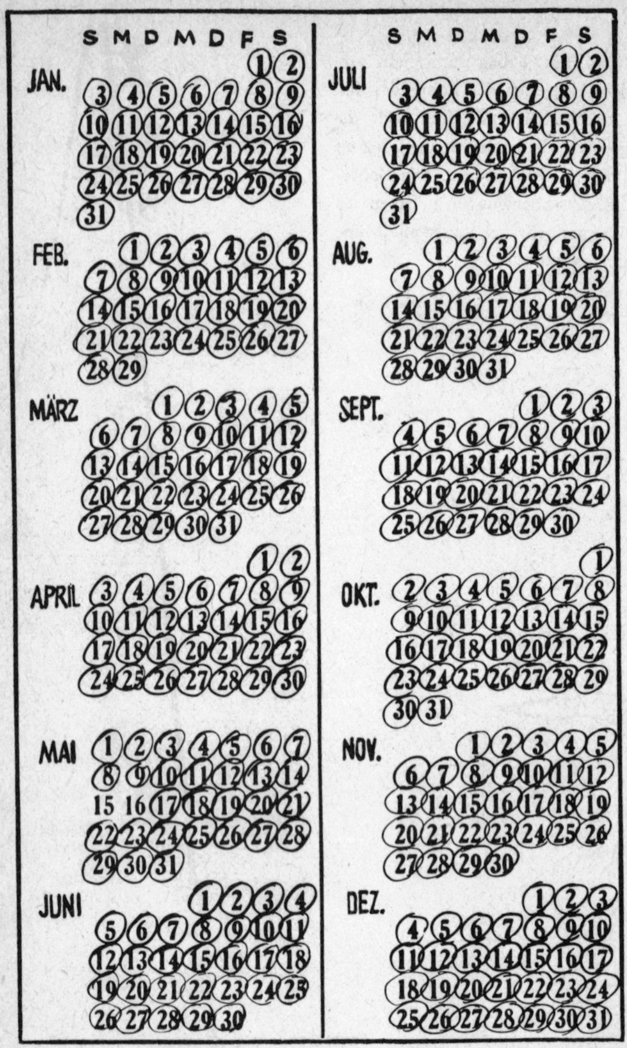

Wann sollte der Hund Ferien haben? Im Sommer? (Es könnte zu heiß für ihn sein.) Im Winter? (Es könnte zu kalt sein.) Im Frühling oder Herbst? (Beide Jahreszeiten könnten nicht warm oder kalt genug sein.)

Oben ist gezeigt, was der durchschnittliche Hund selber vorzieht. Kreise um die Daten (◯) zeigen ganz exakt, wann – nach Ansicht des Hundes – die beste Zeit zum Ferienmachen ist.

Zusammenfassung des 5. Kapitels

1. Nimm deinen Hund mit in Ferien. Denk daran, daß auch er Ruhe braucht.

2. Sieh zu, daß er sich nicht überflüssig vorkommt. Laß ihm möglichst den Rücksitz des Autos für sich. Ist das nicht möglich, erwäge den Kauf eines größeren Autos.

3. Wähle den Ferienort mit Sorgfalt. Die angebotenen Speisen können von entscheidender Wichtigkeit sein.

4. Versuche nicht, allzuviel in die kurzen Ferien zu pressen. Dein Hund ist noch nicht daran gewöhnt.

5. Erwäge einen Trip zu fernen Orten. Es könnte dich inspirieren, deinen Hund dort zu lassen.

6. Kapitel

Die Fütterung des neurotischen Hundes

Hundebesitzer klagen oft, ihr Hund esse wie ein Schwein. Faktisch entbehrt diese Beschuldigung jeder Grundlage. Hunde fressen nicht wie Schweine. Sie fressen wie Hunde.

Die Geschwindigkeit, mit der Hunde Speisen verschwinden lassen können, gehört wahrlich zu den Wundern der Natur. Sie ist in ihrer Fähigkeit begründet, alle Nahrungsmittel im Ganzen zu verschlingen, ungeachtet der Größe der Portionen. Es ist öfters darüber spekuliert worden, weshalb Hunde nicht kauen; die Antwort lautet natürlich: weil Kauen wertvolle Zeit in Anspruch nimmt.

Hunde schlingen aus einem Gefühl der Unsicherheit heraus. Sie befürchten, wir möchten essen, was ihnen gehört, und in der Tat ist diese Vorstellung meist durch längere Erfahrung untermauert.

Manchmal fressen Hunde zu viel und werden zu dick. Wann ein Hund übermäßig fett ist, kann man vom bloßen Hinschauen nicht ohne weiteres entscheiden – vielleicht fühlt er selber sich gerade besonders wohl! In der Regel wird es Zeit, seine Nahrungsaufnahme zu beschränken, wenn der Hund nicht länger geht und im Stehen zum Umfallen neigt. Man sollte ihm dann mehrere Stunden gar nichts geben. Natürlich kann man das Übergewicht auch durch vermehrte Bewegung reduzieren. Einige Hunde bewegen sich ohnehin mehr als andere. Ein Schoßhund muß wiederholt auf den Schoß und wieder hinunter springen, wohingegen ein Wachhund längere Zeitspannen stilliegen kann. Eine der simpelsten Methoden, dem Hund kräftigere Bewegung zu verschaffen, besteht darin, den Abstand zwischen seinem Bett und seiner Futterschüssel zu vergrößern.

Der beste Platz für diese Futterschüssel ist die Küche. Gleich nach dem Schlafzimmer ist das der liebste Raum des Hundes. **Die Vorstellung eines Hundes vom perfekten Heim sieht ungefähr so aus:**

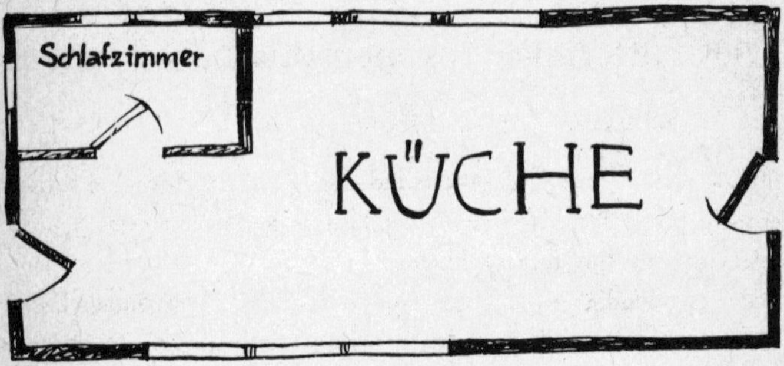

Ebenso einfach sieht im Hundehirn die Küche aus:

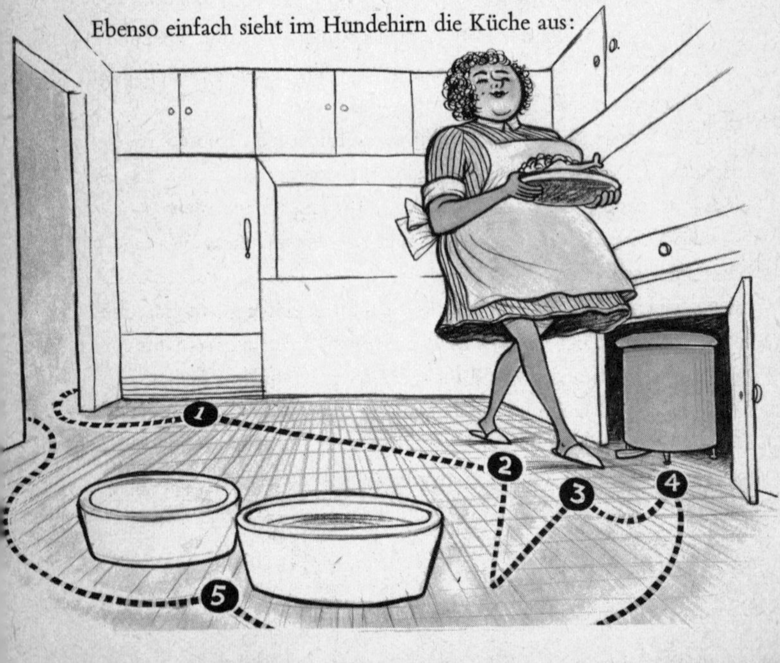

Entgegen allgemeiner Auffassung ist der Hund kein Allesfresser. Mag er gelegentlich auch ein Ei verzehren, eine gebackene Tomate oder eine Schüssel Corn Flakes, Fruchtsalat, gehackte Hühnerleber mit Radieschen garniert, Schinken vom Grill oder Käse auf Toast, Apfelpastete (entweder mit Käse oder à la mode), so ist er doch im Grunde ein Fleischfresser.

Seine Vorfahren entstammen der Familie des Wolfes (Canis Lupus), und infolgedessen fressen Hunde Fleisch. Rauher, unverbildeter Instinkt führt ihn geradewegs zu Rind und Kalb und Lamm und Pâté de foie gras.

Jedoch wird der Hund seiner natürlichen Vorliebe entsagen, wenn er an unseren Mahlzeiten teilnimmt. Seine Tischmanieren sind ungekünstelt und ohne jede Ziererei; es kümmert ihn kaum, was er kriegt, solange es nur eßbar ist. Seine Technik zur Erlangung der allgemeinen Aufmerksamkeit während der Tischzeit zeigt wohlentwickelte Anpassungsfähigkeit.

VORSTELLUNG Nr. 1: Sitzen in aufrechter Haltung. Amüsiert die Leute, obwohl sie das gleiche vielleicht schon jahrelang tun.
Reaktion: »Süß!« Fressen folgt.

VORSTELLUNG Nr. 2: Sondervorführung ist erforderlich, wenn der Hund besonders hungrig ist.

VORSTELLUNG Nr. 3: Sich mit der Familie und den Gästen anzusetzen, ist die praktischste aller Lösungen.

HUNDEKUCHEN

WASSER

Die Vorstellung des Menschen von einer Hundemahlzeit zeigt auf dramatische Weise die typisch menschliche Ignoranz bezüglich hündischer Bedürfnisse.

MENÜ

Horsd'oeuvres

Froschschenkel gebraten oder Sauté Meunière, gemischter Salat
Muscheln gebacken mit Sauce Tartar . . . .
Hummerstückchen in Ananassahne, Sherrysauce, geeist . . .
Getrüffelte Gänseleberpastete auf Toast . . . .
Gefüllte Artischockenherzen . . . .

Fisch

Seezungenfilet sauté mit gebackenen Bananen, Butter, Kartoffeln
Rheinsalm in Champagner gedünstet oder vom Grill, Gurkensalat . . . .
Forelle blau, tournierte Kartoffeln, Orangenmeerrettich-Sauce
Steinbutt gebraten Maître d'Hôtel, Sahnekartoffeln . . . .
Langusten-Curry mit Reis oder à la Newburg . . . . . .
Heilbutt blau, zerlassene Butter, Petersilienkartoffeln . . . .
Seezunge in Weißwein, gem. Salat, Fischkartöffelchen à la Maison . . . .

Fleischspeisen

Kalbsleber-Steak sauté, Apfel- und Zwiebelringe, Kartoffelpurée . . . .
Kalbsfilet à la minute en Casserole, Reis . . . .
Gedünstete Kalbsbrieschen, Pommes sautées; Bouquetière . .
Deutsches Beafsteak, Zwiebelringe, Pommes en neige . . . .
Kapaun-Brüstchen, Champignons à la Crème, Pommes rissolées
HAUSGEMACHTE BRATWURST, Weinkraut, Kartoffelpurée .
2 Lammkoteletts vom Grill . . . .
Frische Gemüseplatte, Ei auf Schinken . . . .
HUHN IM TOPF, Gemüse, Nudeln, Klößchen . . . . . .
Hühnerfricassée mit Reis (nur weißes Fleisch) . . . . . .

Die Vorstellung des Hundes bezüglich seines Menüs weist auf

MENÜ

Brathähnchen à la Viennoise, Tomatensalat, Pommes rissolées
SAUERBRATEN UND KARTOFFELKLÖSSE à la Maison . . . .
Rindfleisch gekocht mit Meerrettichsauce, Bouillonkartoffeln
Wiener Schnitzel, Farce de Fromage, Salat, Pommes frites . .
Junges Täubchen auf Champagnerkraut en Bordure oder Jardinière . . . .
2 Schweineschnitzel, paniert, gedünstete Auberginen, Pommes frites . . . .
Gefüllte Schweinspfötchen, Champagnerkraut, Kartoffelpurée

Käse

Original Schweizer Gruyère . . . .
Alter Holländer . . . .
Alter Cheddar mit Sherry . . . .
Gervais mit Paprika . . . .
Welsh Rarebit . . . .
Original franz. Roquefort . . . .
Camembert: Caprices des Dieux . . . .
La Vache qui rit . . . .
Spécialité de la Maison: Suisse Fondue . . . .

Früchte, Kompott

Früchte der Jahreszeit . . . .
Schwedische Preiselbeeren . . . .
Gebackene Banane mit Honig . . . .
Apfel im Schlafrock . . . .
Geeiste Grapefruit . . . .
Erdbeeren mit Schlagsahne . . . .
Früchte-Cocktail . . . .
Melon au kirsch, glacé . . . .
Flambierter Pfirsich au Grand Marnier . . . .

entschiedene Meinungsdifferenzen zwischen Mensch und Hund hin.

Irgendwann möchte man vielleicht seinen Hund auf Diät setzen. Nur wenige Anblicke sind so entmutigend wie der eines Hundes mit Doppelkinn. Es gibt eine Reihe verschiedenartigster Abmagerungskuren, die alle auf ihren Nährwert hin wissenschaftlich analysiert worden sind. Unter den bekanntesten – Wasser-Diät, Pampf-dich-voll-und-sei-vergnügt-Diät, Küchenchef-Salat-Diät, Zwei-Gurken-täglich-für-den-Rest-deines-Lebens-Diät, Atme-beim-Essen-Diät, Iß-nichts-Diät oder Iß-dich-ins-Grab-Diät – wählt man diejenige aus, die der Persönlichkeit des jeweiligen Hundes am besten entspricht.

Ehe man sich jedoch auf das Wagnis der Hundeabmagerung einläßt, muß man wissen, was man erreichen will. Wieviel soll er verlieren? Zwanzig Gramm? Fünfzig Gramm? Ein Viertelpfund? Oder, falls man ein Riesenexemplar besitzt (einen Bernhardiner oder eine Dogge), ein halbes Pfund?

Abmagerungskuren für Hunde sind einfach zu errechnen. Man muß nur den Kalorienwert der Nahrungsmittel kennen, den Vitamingehalt jedes einzelnen Bestandteils, den exakten Nährwert, die bakteriologischen Bestandteile und den Prozentsatz an Kalzium, Phosphor, Eisen und Jod. Nicht zu vergessen ist natürlich die Wassermenge; mehr als 90% lebender Körper bestehen aus nichts als Wasser, und dieser Prozentsatz erhöht sich nicht unwesentlich bei Hunden kurz vor dem Routinespaziergang.

Ein paar weitere Hinweise: man gebe dem Hund Eier gekocht oder pochiert und vermeide es, sie in Fett zu braten, Kaffee ohne Sahne servieren! Zum Süßen keinen Zucker benutzen: Sacharin ist ausreichend. Man gebe ihm auch weder Butter noch Margarine aufs Brot oder an den Fisch!

Hunde sollten beim Fressen nicht gestört werden. Diese Regel basiert nicht nur auf allgemeiner Höflichkeit, sondern auch auf der biologischen Entwicklung des Hundes. Vor Tausenden von Jahren lernten die Vorfahren des Hundes schon, unter Aufbietung all ihres Mutes ihre Beute gegen Plünderer zu verteidigen. Diese noble Tradition wird vom modernen Hund fortgesetzt.

Spezialbehälter helfen dem Hund, hohe Freßgeschwindigkeiten zu erzielen. Derartige Erfindungen unterstützen sein Streben nach hündischer Glückseligkeit; daß man sie ihm gibt, verschafft ihm das Bewußtsein, erwünscht zu sein.

a) TRICHTERÖFFNUNG läßt Mahlzeit in die Schüssel gleiten; hält Nahrungsmenge mehrere Stunden konstant. Nachschubgeschwindigkeit wird dem Appetit des Hundes entsprechend eingestellt.

b) TROG wird wegen seiner Verwendbarkeit bei wohlabgewogenen Menüs dringend empfohlen. Jede Unterteilung enthält einen Gang. Die weiteste in der Mitte ist für das Entree.

FUTTERBEUTEL ist ein nützliches Hilfsmittel für Hunde, die im Laufen fressen.

Zusammenfassung des 6. Kapitels

1. Füttre deinen Hund regelmäßig; sagen wir: stündlich einmal.

2. Gib ihm nie Anlaß, sich für ein minderwertiges Mitglied deines Haushaltes zu halten. Laß ihn mit am Tisch sitzen. Mehr als alles andere wird ihm dies das Gefühl vermitteln, Teil der Familie zu sein.

3. Vergiß nicht, daß Hundefutter nach Ansicht des Hundes nur für Vögel taugt, nicht aber für Hunde. Niemand hat die Hunde gefragt, als der Mensch eine Spezialnahrung für sie entwickelte.

4. Laß dich nicht durch den Umfang deines Hundes täuschen. Du magst größer sein als er, aber du arbeitest weniger schwer. Er braucht seine Kalorien!

7. Kapitel

Neurotischer Hund contra Baby

Der größte Schlag im Leben eines Hundes ist die Ankunft eines Babys in seiner Familie. Das Ereignis stellt enorme Forderungen an die ohnehin schon überforderte Gefühlswelt des Hundes. Wieso, ist leicht einzusehen.

Für den Hund ist das Baby einfach ein weiterer Hund – und nicht mal ein besonders guter. Sein Kopf steht in keiner vernünftigen Proportion zum übrigen Körper, seine Nase ist zu geringfügig, um irgendwelchen praktischen Wert zu haben, sein Pelz ist (wenn überhaupt) nur auf dem Kopf sichtbar, sein Geruch ist auch nicht entfernt so bezeichnend und deutlich wie der der meisten anderen Hunde. Der menschliche Sprößling scheint für den Hund einer Rasse anzugehören, die dringend der Verbesserung bedarf.

Dennoch schätzt der Herr – seinem Benehmen nach zu urteilen – den neuen Hund ebensosehr, wenn nicht noch mehr, als den bislang einzigen Vertreter seiner Art.

Der neue Hund wird nicht zwei-, sondern fünf- bis sechsmal täglich gefüttert. Nachdem er alles Erreichbare verkonsumiert hat, wird er im Arm gehalten, geherzt, in beruhigenden Tönen getröstet. Seine Antwort besteht in Rülpsern – und das scheinen seine Zuhörer auch noch wundervoll zu finden.

Er ist nicht stubenrein und zeigt keinerlei Interesse, es bald zu werden; aber auch das wird einfach übersehen. Wenn er nachts bellt, wird er nicht, wie es vor seiner Ankunft Sitte war, vor die Hintertür gesetzt, sondern mit einem Wiegenliedchen in Schlaf gesungen. Schneidet er seinen Pflegern eine Grimasse, verkündigen sie jauchzend, er lächle sie an, das liebe Herzchen! Sein Geschrei wird als gesunde Atemübung bezeichnet, das Zerren an Mutters Ohr als vitaler Kraftausbruch.

Bald schon wird dem Hunde klar, daß das, was da passiert, einem Hunde nicht passieren sollte. Der Instinkt sagt ihm:

ALLE AUFMERKSAMKEIT RICHTET

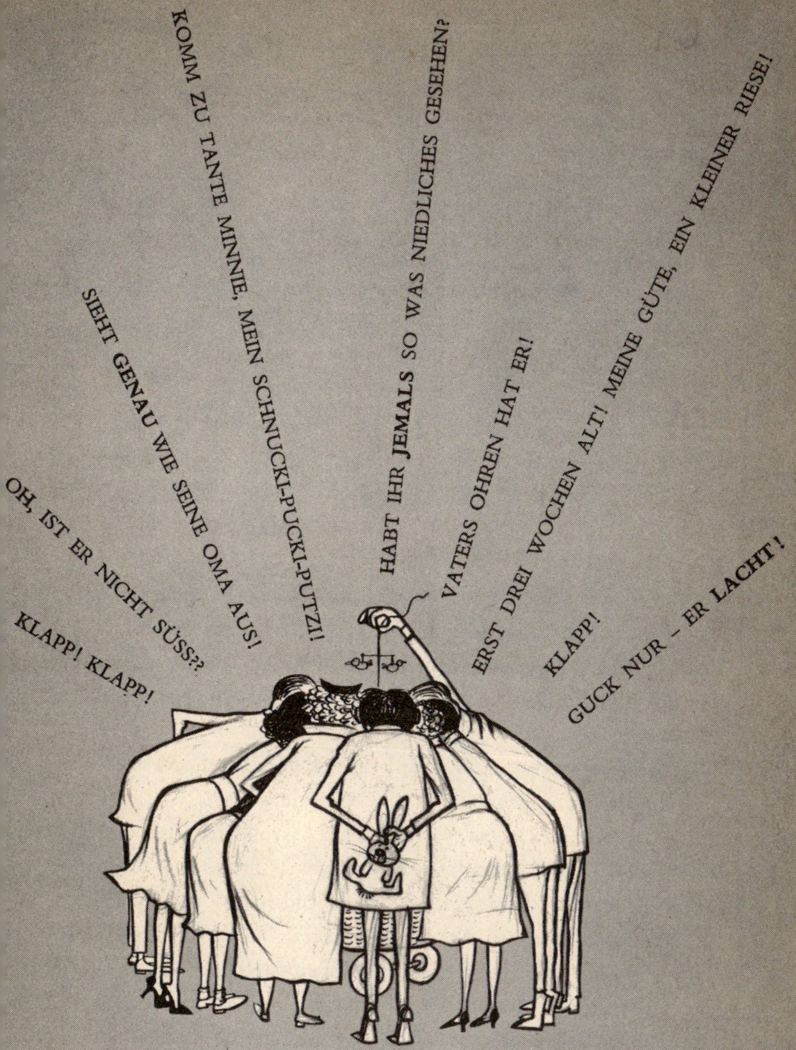

SICH AUF JEMAND ANDERS!

Graphische Darstellung des Gefühlsdilemmas, in dem sich der Hund nach Ankunft des neuen Babys befindet. Hund (H) versucht, die Aufmerksamkeit von Mutter (M) durch Anwendung altbewährter Tricks auf sich zu lenken: er läuft auf sie zu. Seine Route ist jedoch blockiert durch Baby (B), das selber ähnliche Pläne erwägt. Hund versucht, Körperaufprall durch Umgehung des Hindernisses zu vermeiden, aber Baby reagiert mit tätlicher Opposition (siehe gestrichelte Linie). Infolgedessen nimmt der Konflikt an Umfang zu. Mutter kommt Baby schließlich halbwegs entgegen, Hund übersehend; dieser geht beleidigt davon (auf Karte aus Platzmangel nicht eingezeichnet).

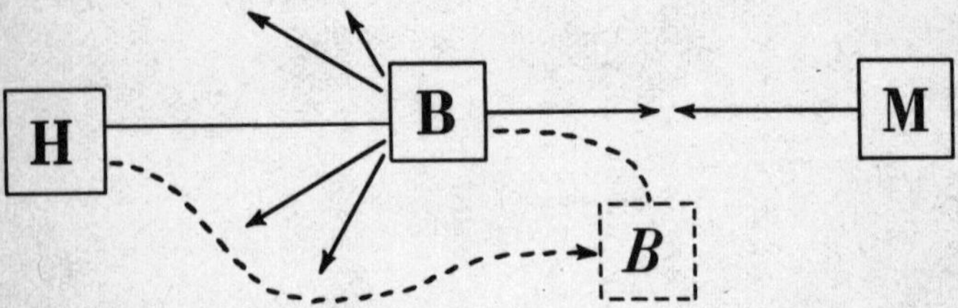

Mutter muß lernen, mit verwandtschaftlicher Rivalität fertig zu werden, falls sie eine gesunde Familie großzuziehen gedenkt. Es ist dabei nicht erforderlich, dem Baby ein neues Zuhause zu suchen, wenn sie das Problem von vornherein in der richtigen psychologischen Haltung angeht.

Wichtig ist, stets daran zu denken, daß der Hund zuerst da war. Er hat das Recht, gekränkt zu sein. Glücklicherweise können Eltern viel dazu beitragen, seine Abwehrgefühle zu mildern.

1. **Stellt dem Hund das Baby vor.** Versucht ihm zu erklären, daß er nun ein kleines Schwesterchen (oder Brüderchen) bekommen hat, dessen Diät in keiner Weise mit der seinen in Konflikt geraten wird.
2. **Verwöhnt das Baby nicht in Gegenwart des Hundes.** Muß das Baby unbedingt gelobt werden, so geschieht es am besten, wenn der Hund spazierengeht oder in der Küche beschäftigt ist.
3. **Vergeßt euren Hund nicht, wenn ihr dem Baby Spielzeug kauft.** Vergewissert euch stets, daß an beide die gleiche Anzahl Spielzeug verteilt wird. Das gehört zu den grundlegenden Regeln vernünftiger Eltern.
4. **Schimpft das Baby auf der Stelle aus, wenn es den Hund beißt.** Sagt ihm, das gehöre sich nicht!

2 MONATE

4 MONATE

6 MONATE

8 MONATE

Langsames Körperwachstum des Babys versichert den Hund seiner Überlegenheit. Im Verlauf der Monate stellen sich die Unterschiede zwischen Mensch und Tier schärfer heraus; es besteht kein Zweifel darüber, wessen Wachstum und Entwicklung geschwinder vonstatten geht.

Ein Intelligenzvergleich beweist ebenfalls, daß der Hund dem Kind weit überlegen ist. Das Baby entwickelt sich, wenn überhaupt, so nur langsam und lernt wenig. Mit der Zeit läßt der Hund den jungen Menschen an intellektueller Brillanz, Denkfähigkeit, Gedächtnis und praktischer Alltagsvernunft weit hinter sich.

BABY	**HUND**
4 WOCHEN Es atmet nun regelmäßig. Es kann schreien. Es öffnet die Augen ganz. Es kann den Kopf drehen.	4 WOCHEN Er atmet nun regelmäßig. Er kann schreien. Er öffnet die Augen ganz. Er kann den Kopf drehen.
16 WOCHEN Es kann sich auf den Rücken drehen. Es kann sitzen (obwohl es immer wieder hinplumpst). Seine Augen folgen einem beweglichen Gegenstand, und es streckt vielleicht sogar die Händchen danach aus. Aber es kann den Gegenstand nicht fassen.	16 WOCHEN Der Welpe kann durchs Zimmer laufen. Er kann sitzen, liegen, aufstehen. Ein beweglicher Gegenstand wird mit den Augen verfolgt und kann, falls eßbar, leicht gepackt werden.

Baby	Hund
28 WOCHEN Das Baby kann sitzen, fällt aber immer noch um. Es kann nach dem gewünschten Gegenstand greifen und ihn zum Munde führen. Es kann sogar seine Zehen fassen und sie, auf dem Rücken liegend, in den Mund nehmen.	28 WOCHEN In diesem Alter kann der Welpe vielerlei tun. Er kann unter Decken kriechen. Er kann harte Buchdeckel zerkauen. Er kann bellen, winseln, heulen und eine reichhaltige Skala von Tönen von sich geben. Er verschwendet seine Zeit nicht damit, an den Zehen zu lutschen.
1 JAHR Das Baby kriecht auf Händen und Füßen herum. Es beginnt, die Welt zu entdecken.	1 JAHR Der Hund kann jetzt so schnell rennen, daß nur ein anderer Hund ihn einholt. Er hat die Welt bereits entdeckt; er weiß genau, wo Küche und Schlafzimmer liegen.
2 JAHRE Das Baby versteht nun schon etwas von dem, was man zu ihm sagt. Selber ist es ebenfalls imstande, ein paar Worte zu äußern. In den meisten Fällen hat auch sein Training zur Reinlichkeit bereits begonnen.	2 JAHRE Der Hund versteht alles, was man zu ihm sagt. Ja, er versteht sogar, daß er so tun muß, als verstünde er oft nicht, was gesagt wird. Er ist stubenrein und sehr verblüfft über die betuliche Art und Weise, wie man auch dem Baby etwas so Einfaches klarzumachen versucht.

Der Situation gewachsen, prüft der Hund seine Widersacher und ergreift Maßnahmen, um dauerhaftere Folgen der Invasion abzuwehren. Im Bewußtsein, daß seine Lage ernstlich bedroht ist von jemandem,

DICHT AN MUTTER KUSCHELN, während sie mit Baby spielt. Mutters Aufmerksamkeit kann gewonnen werden, wenn man sich dicht an sie schmiegt und ihr den Kopf in die Seite stößt.

MIT DEM BABY BRÜLLEN. Duett mit dem Baby bringt todsicher das ganze Haus auf die Beine und erweckt die Aufmerksamkeit aller.

der ziemlich berechnender Natur zu sein scheint, schiebt sich der Hund mit wahrhaft bemerkenswerter Beharrlichkeit ins familiäre Rampenlicht. Die Methoden sind, je nach Einfallsreichtum des Hundes, verschieden.

AN DEN MAHLZEITEN TEILNEHMEN. Freundliche Teilnahme an den Mahlzeiten erinnert daran, daß wir *alle* essen müssen, um zu leben.

KUNSTSTÜCKE VORFÜHREN. Eine kleine Demonstration im Aufrechtgehen zeigt den Eltern, wer es am besten kann.

Diesem Kapitel entnimmt der Leser vielleicht, daß Kind und Hund hitzige Gegner seien. Das stimmt nicht. Mit der Zeit lernen sie, einander zu tolerieren. Das Baby gewöhnt sich an die Manieren des Hundes, übernimmt sogar selber ein paar davon. Das macht sowohl dem Baby wie dem Hunde Spaß, wenn auch nicht der Mutter.

Da ist zum Beispiel das Spielzeug. Soweit es den Hund betrifft, füllen die Spielsachen seines Menschenfreundes eine entscheidende Lücke. Sie sind meist mit giftfreier Farbe bemalt und schmecken harmlos. Einige Teile (metallene Griffe, Spitzen oder ähnliches) sind natürlich überflüssig, doch die meisten anderen Teile sind zerkaubar, und viele kann man auch 'runterschlucken. Das Baby seinerseits fühlt ähnlich bei den Spielsachen des Hundes. Sie sind zum Kauen geschaffen, und eine stattliche Anzahl kann, bei einiger Bemühung, 'runtergeschluckt werden.

Die meisten Hunde fügen sich ganz wohlgemut darein, mit dem Baby spielen zu müssen. Sie balgen sich mit dem Kleinen und reißen, zur innigen Freude beider, sein Höschen in Fetzen. Sie spielen Verstecken im Wohnzimmer und richten sich einen Treffpunkt unter der Couch ein, wo beide unauffindbar sind. Doch sowie die Mutter das Baby zum Füttern ruft, tauchen beide auf – der Hund ein wenig geschwinder. Sie lernen, miteinander zu teilen. Der Hund sucht sich ein paar Kleinigkeiten von Babys Teller aus, während Baby an der Hundeschüssel hockt, um seinen Appetit zu stillen.

Bald wird die Mutter den Hund einfach als eines ihrer Kinder betrachten. Das wird den Hund nicht überraschen, da er genau dieses Ziel die ganze Zeit über verfolgte.

Zusammenfassung des 7. Kapitels

1. Gib dem Hund nie zu verstehen, daß er nach dem Baby kommt, zumal dann nicht, wenn er vor ihm da war.

2. Erwäge stets, daß ein Hund zwar Spielgefährte eines Menschenkindes, niemals aber geistig sein Gefährte sein kann. Menschen lernen zu langsam.

3. Sei nicht überrascht, wenn der Hund nach Ankunft des neuen Babys ein paar Tage seltsam still und gedankenversunken erscheint. Er erwägt Mittel und Wege, mit der veränderten Situation fertig zu werden.

4. Gestehe dem Hund, daß er kein leibliches Kind ist, sowie er nur eben verständig genug geworden ist, um zu begreifen, daß er adoptiert wurde.

8. Kapitel

Heim-Analyse des neurotischen Hundes

Psychoanalyse kann teuer werden, vor allem, wenn sowohl Hund wie Herr sich der Behandlung unterziehen müssen. Zum Glück können die Kosten mittlerweile auf die Hälfte heruntergedrückt werden, da es heutzutage »Tu-es-selbst«-Methoden zur Heim-Analyse von Haustieren gibt.

Geräte und Ausrüstungsgegenstände sind dazu kaum erforderlich; man benötigt nichts weiter als eine weiche Couch, auf welcher der Hund liegt, und einen harten Stuhl, auf dem man selber sitzt. Beruhigungstabletten können recht wirkungsvoll sein – wenn man aufgeregter Natur ist.

Die meisten Hunde sind angenehme Patienten. Längeres Auf-der-Couch-Liegen versetzt sie in jenen Zustand stiller Trance, der gewöhnlich mit »Schlaf« bezeichnet wird. Dabei hat man Gelegenheit, den Patienten zu beobachten und Notizen zu machen.

Die Analyse ist natürlich ein ermüdender Prozeß, und man sollte Ergebnisse nicht über Nacht erwarten. Die Behandlungszeit kann sich über 15 Jahre erstrecken, falls der Hund so lange lebt. Am Ende jedoch wird man seinen Hund **verstehen.**

DIE LAGE DES HUNDES AUF DER COUCH verrät ungemein viel über den Patienten. Der entspannte, umgängliche Typ liegt meist auf dem Rücken, alle viere nach oben gestreckt. Dieser Typ schnarcht entweder oder schnarcht auch nicht.

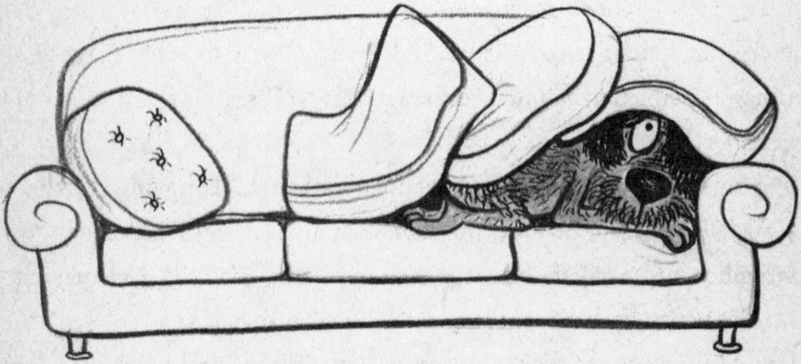

NASE AN DIE LEHNE GEPRESST – ein sicheres Zeichen dafür, daß es sich um ein im Kern scheues, unsicheres Individuum handelt. Dieser Typ bedarf der Sonderbehandlung, bestimmt aber einer Sondercouch.

UND SCHLIESSLICH:
EIN HUND, DER DES LEBENS ÜBERDRÜSSIG IST

Ein stiller, verdunkelter Raum schafft die richtige Atmosphäre
zur Durchführung der Analyse.

PERSÖNLICHKEITS-QUIZ FÜR HUNDE

	Ja	Nein
1. Schaut der Hund gern beim Fernsehen zu?	( )	( )
2. Ist er lieb, wenn Einbrecher das Haus betreten?	( )	( )
3. Nimmt er am gemeinschaftlichen Singen teil?	( )	( )
4. Macht er lange Wanderungen ganz für sich allein?	((	( )
5. Springt er dir auf den Schoß, sobald du nur sitzt?	( )	( )
6. Runzelt er die Stirn, wenn du mit ihm redest?	( )	( )
7. Sucht er sich auf dem Bett den sonnigsten Fleck aus?	( )	( )
8. Springt er über den Zaun, anstatt das Tor zu benutzen?	( )	( )
9. Schnuppert er an seinem Futter, ehe er es probiert?	( )	( )
10. Schläft er gern im Schrank?	( )	( )
11. Verbringt er viel Zeit damit, Fliegen, Vögel oder Kaninchen zu jagen, die er doch nie fangen kann?	( )	( )
12. Trinkt er in Mengen?	( )	( )
13. Verbringt er viel Zeit damit, aus dem Fenster zu starren, um sich über den Verkehr oder die Hüte vorübergehender Damen zu ärgern? Zergrübelt er sich den Kopf, woher seine nächste Mahlzeit kommt?	( )	( )
14. Lacht er oft?	( )	( )

Zähle 5 Pluspunkte für jede bejahende Antwort auf die Fragen 1, 4, 6, 9, 10, 12, 13. Zähle fünf Minuspunkte für jede bejahende Antwort auf die Fragen 2, 3, 5, 7, 8, 11, 14. Ergibt sich ein Überschuß an Pluspunkten, ist der Hund im Kern introvertiert; ergibt sich ein Überschuß an Minuspunkten, ist der Hund im Kern extrovertiert.

Und hier sind die Erläuterungen zum Ergebnis:

1. Wenn dein Hund gern dem Fernsehen zuschaut, flüchtet er aus der Wirklichkeit. Er ist introvertiert.
2. Wenn dein Hund Einbrecher willkommen heißt, muß er ein geselliger Typ sein. Er ist extrovertiert.
3. Singen ist eine Gemeinschaftstätigkeit. Er singt, er fühlt sich Teil der Gemeinschaft. Er ist extrovertiert.
4. Nur Eigenbrötler machen einsame Spaziergänge. Dein Hund ist ein Eigenbrötler. Er ist introvertiert.
5. Er liebt dich. Er ist extrovertiert.
6. Angstkomplex macht Hund mürrisch. Er ist introvertiert.
7. Glückliche Hunde suchen sich die besten Stellen auf dem Bett aus. Sie kämpfen sogar darum. Extrovertiert.
8. Ein zufriedener Hund springt so hoch er kann. Er springt auch über einen Zaun, den er gar nicht schafft. Er ist extrovertiert.
9. Hunde mit mißtrauischer Wesensart schnuppern am Futter, ehe sie es anrühren. Introvertiert.
10. Dunkle Ecken im Innern dunkler Schränke locken Persönlichkeiten an, die sich von der Welt zurückzuziehen wünschen. Er ist introvertiert.
11. Fliegen zu jagen mag nicht viel Sinn haben, doch weshalb drauf verzichten? Er ist extrovertiert.
12. Trinken ist eine weitere Form, der Wirklichkeit zu entfliehen. Er ist introvertiert.
13. Er ist ein Betrachter, aber kein Teilnehmer. Er ist introvertiert.
14. Ein Hund, der gern lacht, ist ein fröhlicher Hund. Lache zurück. Natürlich ist er extrovertiert. Introvertierte lachen nicht.

Du selber bist weder introvertiert noch extrovertiert, falls du keine einzige Frage angekreuzt hast. Du schenkst nur deinem Hund nicht genügend Beachtung.

1
2
3
4

ÄUSSERER UMRISS DES HUNDESCHÄDELS – verrät viel vom darunterliegenden Hirn (falls vorhanden). Unterschiedliche Rassen zeigen unterschiedliche Schädelformen, als da sind: Eierkopf, Kürbiskopf, Rechteckkopf und Pyramidenschädel. Ungeachtet der Umrißformen jedoch sind alle Köpfe aus bestimmten fixen Bestandteilen zusammengefügt. Der obere Teil stößt an den unteren Teil, die Vorderpartie grenzt an die Hinterpartie – eine von der Natur sehr günstig getroffene Gruppierung.

Nach Meinung der Hunde-Phrenologen kommt den Höckern am Hundeschädel große Bedeutung zu. Nasenknochen enden in einem Knorpel (1), der in wissenschaftlichen Kreisen Nase, vom normalen Hundeliebhaber Schnauze genannt wird. Dieser Höcker dient als geruchfindendes und geruchspeicherndes Hilfsmittel, das den intellektuell Wißbegierigen zeigt, wo es Futter gibt.

Hervorstehende kuppelartige Riesenbeule auf dem Kopf ist eine wichtige Schädelbildung (2), die gleichzeitig Stirn ist und als Ausgangsfläche für Ohren, Augen und (gewöhnlich) ein Büschel Haare dient (3).

Leichte Erhöhung auf dem Hinterteil des Kopfes (4) ist nur ein sogenannter »vorübergehender Höcker«, hervorgerufen durch einen anderen Hund oder, möglicherweise, einen wohlgezielten Tritt.

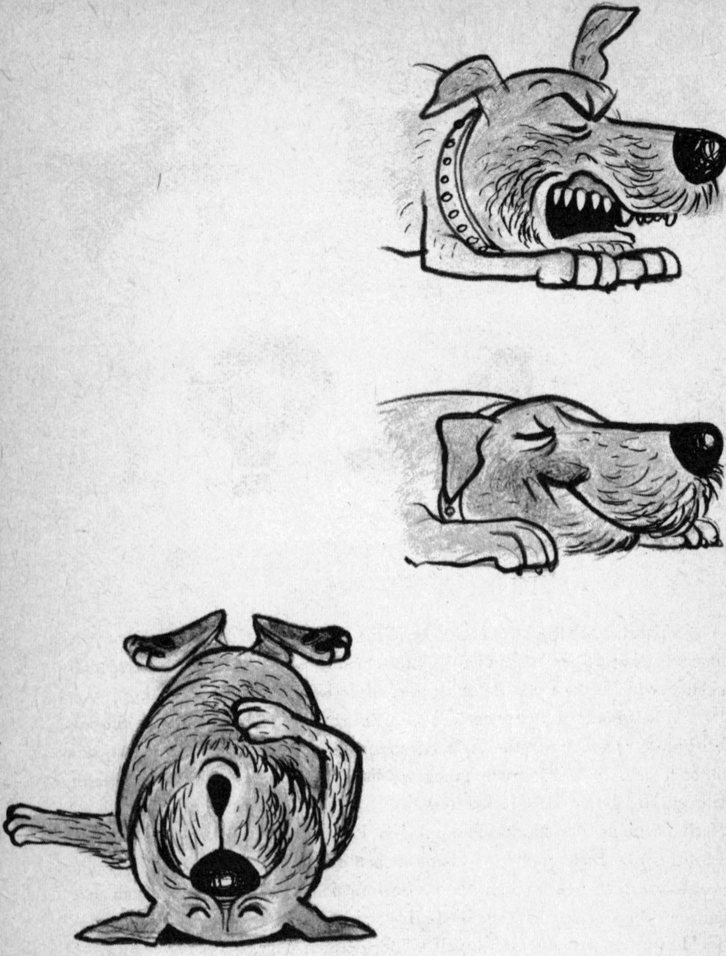

MIENENSPIEL des schlafenden Hundes gestattet dem Betrachter, in sein Unterbewußtsein vorzudringen und nach den verborgenen Gefühlen des Lieblings zu forschen. Der Hundebesitzer ahnt anschließend vielleicht, was sein Hund wirklich von ihm hält.

LABYRINTH-Tests werden in den Versuchslaboratorien gewöhnlich angewandt, um die Intelligenz von Tieren zu prüfen. Man kann einen solchen Test auch im eigenen Heim durchführen. Alles, was man dazu benötigt, ist eine Schüssel mit Futter und einen Hund. Der

Rest erledigt sich von selbst. Falls möglich, versuche im Geiste die Sekunden zu zählen, die der Hund braucht, um den Nahrungsquell zu erreichen. Das Ergebnis setzt einen instand, genauestens die Urteilskraft (U/K) des Hundes, seinen Persönlichkeitsquotienten (P/Q) und seine Laufflexibilität (L/F) zu ermitteln.

WACHHEITS-TEST (zur Prüfung der Wachsamkeit des Hundes) ist ganz einfach durchzuführen. Man ruft ihn beim Namen. Beobachtet genau seine Reaktion. Um ganz sicher zu gehen, daß er auch jede nur mögliche Gelegenheit zum Reagieren bekommt, wiederholt man den Namen vier oder fünfmal,

NORMALHUND: reagiert, wenn er seinen Namen zum drittenmal hört. Von Natur tolerant, hört er sich geduldig an, was man ihm zu sagen hat, ehe er wieder einschläft.

AUSSERGEWÖHNLICH MUNTERER HUND: öffnet seine Augen schon, wenn der Name zum zweitenmal aufklingt, und hält sie ein wenig länger offen. Vielleicht grinst er einen sogar flüchtig an, um seinen guten Willen gegen die Menschheit (einschließlich seines Herrn) darzutun.

ENTSPANNT RUHENDER HUND: weiß Bescheid (vermutlich hat er diesen Test schon früher mal mitgemacht). Da seine Augen geschlossen bleiben, gibt es keine verläßliche Methode, seine Reaktion auf unser hemmungsloses Gebrüll nachzuprüfen.

wobei man jedesmal die Stimme ein wenig mehr hebt. Gegen Ende der Testreihe brüllt man mit voller Stimmstärke. Während der gesamten Prozedur macht man sich Notizen, die man anschließend mit dem Verhalten der oben gezeigten Typen vergleichen kann.

Der GESELLIGKEITS-TEST versetzt uns in die Lage, das Interesse unseres Hundes an seinen Mit-Hunden abzustecken.

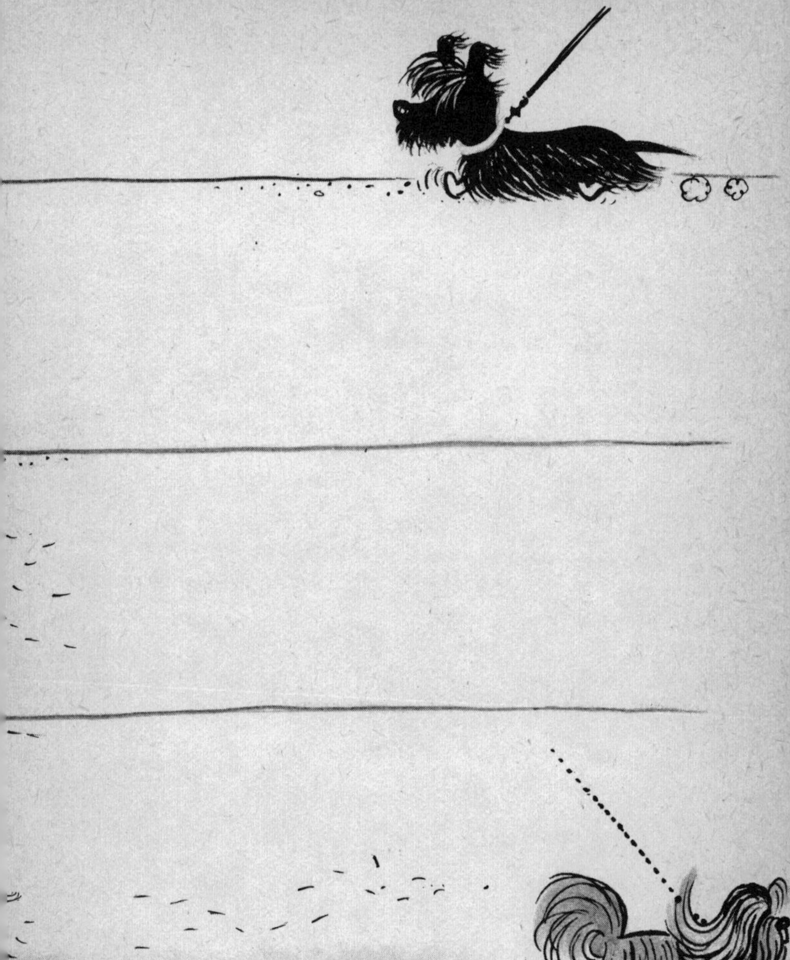

Gesunde, ausgeglichene Hunde grüßen einander, tauschen ihre Ansichten aus und machen sich wieder auf den Weg, um an anderer Stelle andere Bekanntschaften zu machen.

Irgendwelche sonstigen Symptome?

MAN ACHTE DARAUF . . .

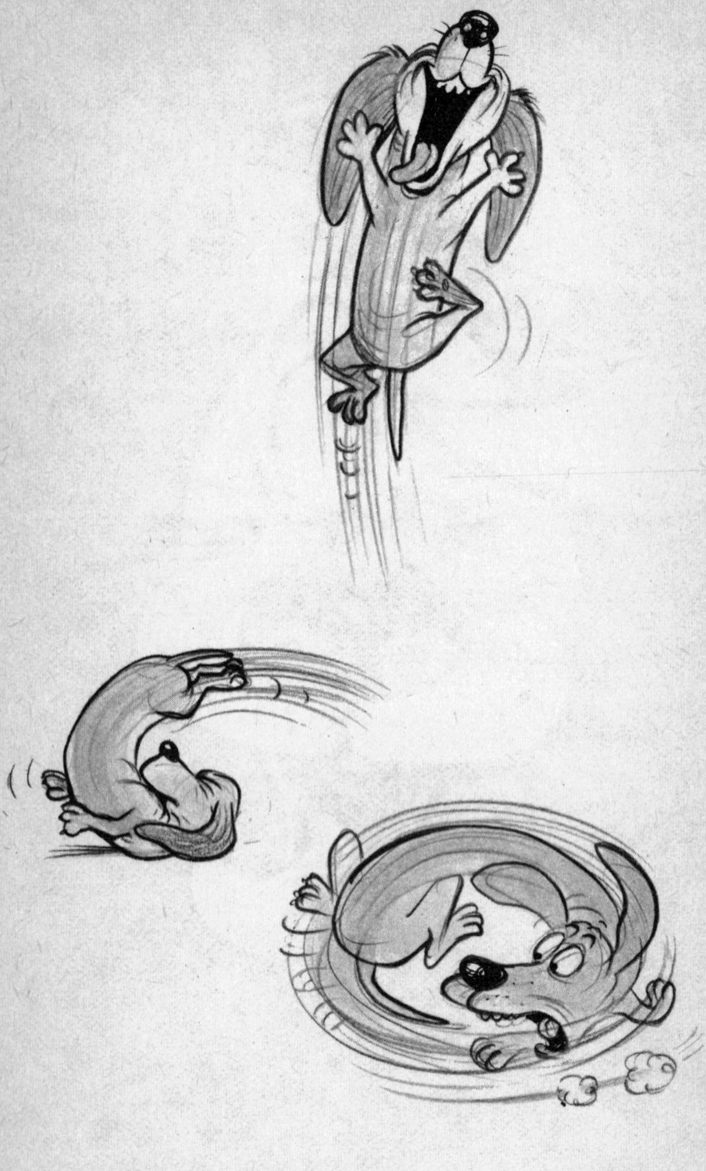

NUN – **ENDLICH** – VERSTEHST DU DEINEN HUND!

Zusammenfassung des 8. Kapitels

1. Psychoanalysiere deinen Hund. Es wird ihm helfen, sich selbst zu erkennen, und – wichtiger noch –, es hilft dir, ihn zu erkennen.

2. Verschwende dein Geld nicht an Honorare für professionelle Analyse deines Hundes. Du wirst das Geld brauchen, um deine eigene Behandlung zu bezahlen.

3. Lerne deinen Hund genau kennen. Du wirst staunen, was du alles über ihn herausfindest.

4. Beeile dich nicht mit der Analyse. Denk dran: dein Hund liegt gern auf der Couch.

5. Behalte deinen Hund.

9. Kapitel

Kann der neurotische Hund geheilt werden?

NEIN

Über den Autor:

Einer der Spitzenkönner seines Berufszweiges und weithin bekannt wegen seines schöpferischen, fruchtbaren Talents, ist Stephen Baker ein Vizepräsident der Cunningham & Walsh Advertising Agency. Ungeachtet der schweren Anforderungen seines hektischen Berufes hat er die Zeit gefunden, außer dem vorliegenden noch drei weitere Bücher und Dutzende von Artikeln zu ersinnen und zu schreiben. Seine Themen reichen von Golf bis zur Reklametechnik (sein Buch über die Kunst der Werbung ist als Schultext weithin im Gebrauch) und zur Entwurfslehre (speziell der Farbgestaltung). Mr. Baker hat zu verschiedenen Zeiten einen Dackel, einen Cocker-Spaniel, einen Neufundländer, einen Pekinesen, einen Ungarischen Puli und zwei Hunde unbekannter Herkunft besessen, die alle zusammen die Inspirationen für dieses Buch geliefert haben. Er lebt mit seiner Familie – Frau, Kind und Dackel – in einem duplex-apartment auf der East Side Manhattans, »genau das, was der Hund sich sein Leben lang gewünscht hat«.

Über den Illustrator:

Cartoonist Eric Gurney hatte erstmalig Gelegenheit zur Entwicklung seines drolligen Zeichenstils in den Walt-Disney-Studios. Nach neun Jahren dort siedelte er nach New York über und hatte schnell Erfolg. Seither hat er seinen eigenen »strip« illustriert, Umschläge für die wichtigsten Magazine entworfen und viele Werbefeldzüge durchgeführt. Mr. Gurney lebt in Westport, wo er seine Freizeit mit seiner Frau, vier Kindern, zwei Hunden und einer Katze verbringt.

Über die Übersetzerin:

Dieses köstliche Buch in die deutsche Sprache zu übersetzen, war Ursula Bruns zweifellos prädestiniert. Nicht etwa, weil sie persönliche Erfahrungen mit Neurosen aufzuweisen hätte! Neurosen gehen meist, wie das ausgezeichnete Bertelsmann Lexikon definiert, auf unbefriedigten Ehrgeiz und unerfüllte Lebensziele zurück. Ursula Bruns hat jedoch reiche Erfolge auf vielen schriftstellerischen Gebieten. Sie ist eine erstklassige Reisebuchautorin, sie schreibt herrliche Jugendbücher, und ihre Übersetzungen haben ihr schon manchen Lorbeer eingetragen. Außerdem ist die ehemalige Reitlehrerin eine Tierfreundin und Tierkennerin von hohen Graden, und das wäre schon Grund genug gewesen, ihr dieses Buch anzuvertrauen. Ausschlaggebend aber war die Tatsache, daß sie selbst einmal einen neurotischen Hund besaß, woran sich ihre Freunde noch heute mit Schrecken erinnern. Das reizende Tierchen forderte selbst ebenso tierliebende wie charakterstarke Besucher zu heftigen Abwehrhandlungen heraus. Nur der Tatsache, daß er schließlich an Depressionen jählings einging, ist es zu verdanken, daß Ursula Bruns heute einen stetig wachsenden Freundeskreis um sich versammeln kann.